¡Vamos A Cocinar! Con Mis Recuerdos

Por P. Fraga

ENTRANTES オードブル		4
我がケルトの友、フラガ神父　C・W・ニコル		
PLATO FUERTES I メインディッシュ		6
TORTILLA DE PATATA　スペイン風じゃがいもオムレツ		10
SOPA DE AJO　にんにくスープ		12
SARDINAS GUISADAS CON PATATAS　いわしの重ね煮		14
FRITURAS DE PESCADO　魚のてんぷら		16
PULPO A LA GALLEGA　たこのガリシア風		18
EMPANADILLAS　いわしのエンパナディージャ		20
ARROZ CON LECHE　米のミルク煮		22
PLATO FUERTES II メインディッシュ		24
OLLOMOL GUISADO　煮魚		28
SHIRASU AL AJILLO　しらすのオリーブオイル鍋		30
ISAKI A LA VINAGRETA　いさきのマリネ		32
ALMEJAS A LA MARINERA　あさりの漁師風		34
SARDINAS EN ESCABECHE　いわしのエスカベーチェ		36
SALMÓN EN ESCABECHE　鮭のエスカベーチェ		38
GAMBAS AL AJILLO　えびのとうがらし炒め		40
ALBÓNDIGAS DE CAZÓN CON TOMATE　魚だんごのトマトソース煮		42
PLATO FUERTES III メインディッシュ		44
PAELLA　パエリャ		46
JABALÍ A LA CAZADORA　猪の猟師風		48
ARROZ CON POLLO　鶏肉の炊込みご飯		50
PLATO FUERTES IV メインディッシュ		52
POLLO CON PISTO AL COÑAC　鶏肉の詰め物・コニャック風味		56
GAZPACHO　ガスパチョ		58

60	スペイン風生ハム・家庭版	JAMÓN SERRANO
62	チョリソ	CHORIZO
64	揚げアスパラガスのグリーンピースソース	CREMA DE GUISANTES CON TROPIEZOS
66	じゃがいもの肉詰め2種	PATATAS RELLENAS
68	エンパナーダ（スペイン風パイ）	EMPANADA
70	伊勢えびの卵ソースあえ	LANGOSTA EN SALPICÓN
72	ケイマーダ（火吹き酒）	A QUEIMADA

74	メインディッシュ	PLATO FUERTES V
78	ガリシア風ちゃんこ鍋	CALDO GALLEGO
80	ガーリックトースト	PAN CON AJO
81	卵とソーセージのトーストパン	PAN CON HUEVOS Y CHORIZO
82	きのこの卵とじ	SETAS CON HUEVOS
84	フラガ神父風、明太子のポテトサラダ	MENTAIKO CON PATATAS A LA VINAGRETA
85	レタスのサラダ	ENSALADA DE LECHUGA
86	ほうれん草のめちゃくちゃ	REVUELTO DE ESPINACAS CON GAMBAS
88	焼きバナナの詰め物	PLÁTANOS RELLENOS

90	デザート	POSTRES
92	カトリックコーヒー	CAFÉ CATÓLICO
93	りんごの丸焼き	MANZANA ASADA

94	祝日の特別料理	PLATOS ESPECIALES PARA FIESTAS
95	復活祭／たらの炒め煮	BACALAO CON PATATAS Y CEBOLLA
96	聖母被昇天祭／牛肉のホイル焼き	CARNE AL HORNO
97	降誕祭／鶏肉の七面鳥風丸焼き	POLLO RELLENOS

98	食後酒	DIGESTIVO
98	あとがき　セサール・フラガ神父	
99	『Pr.Fragaの料理帳』に寄せて　池田宗弘	

ENTRANTES
オードブル

我がケルトの友、フラガ神父
C・W・ニコル

　私がペンション「ふふはり亭」のパーティーでセサール・フラガ神父と出会ってから、かれこれ25年以上になるはずだ。彼も英語を話すのだが、お互い、日本語でのほうが話がしやすい。聖職者や司祭と名のつく人は、私の知るかぎり、絵に描いたようにきまじめな人が多かった。ところが、このフラガ神父ときたら、尽きせぬ泉のごとくジョークやほら話を繰り出してくる。また、その料理通なこと。実に、恐るべき健啖家なのだ。

　我々は、すっかり意気投合した。だが、親しい仲だからこそ、時として、腹に据えかねることもある。こちらが手間暇かけて作った料理をさんざん食らったあげく、同じ食材を使った料理のレシピについて長々と講釈をたれるのだ。それも、彼が言う（ガリシア地方の）作り方のほうがおいしそうに聞こえるから、よけいに腹が立つ。ガリシアといえばもう一つ、フラガ神父のお国自慢も癪にさわった。我が故郷スペインのガリシアはまさに地上の楽園と、ほうっておけばいつまでもしゃべっている。

　むろん、この私とて彼と同じ "ケルトの血" を引くウェールズ系日本人、故郷への熱き思いは理解できる。だが、ある年の夏、私はガリシア行きの航空券をフラガ神父に突きつけると、思わずこう言ってしまった——あんたの自慢話には、いいかげんうんざりだ。そんなにいい故郷なら見せてみろ、でなけりゃ、その口をつぐめ、とね。

　で、ガリシアへの道行きと相成った。私は家族の一員のような温かいもてなしを受け、毎日のようにフラガ神父の家へ食事に招かれた。ここでも、彼の食べっぷりはみごとの一言。庭先で食卓を囲んだときのことは、今も忘れない。最初に出されたのは新鮮ないわしの炭火焼きだったが、3尾食べるのがやっとの私をしり目に、この愛すべき神父はぺろりと12尾を平らげたのだ。ちなみに、本人いわく、「若いころなら軽く30尾はいけた」そうだ。続いて供されたのは、さっとひとゆでした、たこにじゃがいもとししとうを添えたもの。絶妙な焼き加減のラムにチーズ、焼きたてのガリシアパン、サラダ、大量のワインが我々の腹に収まったのは、言わずもがなだ。

　旧友の池田宗弘さんを伴って、ビゴのとあるオイスターバーへ出かけたこともある（ここで、池田さんは野尻湖に新設される教会の十字架を作る約束をしたのだ）。あの折は、3人して数えきれないほどのかきを食べた。フラガ神父もよくついてきたが、私こそがかきの大食いチャンピオンだ！と、今も自負している。

　確かに、フラガ神父の言にたがわず、ガリシアの食べ物はおいしく、人は皆、やさしかった。彼の家族は、その代表格だ。脅かされていたほど雨も降らず、すっかりここが気に入った私は、ついに、フラガ神父の妹さんの家の近くにある海沿いのアパートを購入してしまった。

　これほど長いつき合いになると、いろいろな出来事が一つになり、今はただ、腹をかかえて笑い合ったことや、盛大に食べたり飲んだりしたことばかりが心に残っている。だが、中には、忘れられないひとときもある。あれは、野尻の教会の夕食に招かれた折のこと。食卓を囲むのは、ガリシア出身のフラガ神父にウェールズ出身の私、それにポーランドとイタリア出身の神父それぞれ一人を加えた総勢4人。当夜は、フラガ神父が腕をふるい、ポルトガル料理をごちそうしてくれることになっていた（ガ

リシアはポルトガルと隣どうしなので、料理法がとてもよく似ている)。

　大きなキャベツ4個を切り分ける神父の傍らで、私たちも山のような新じゃがの皮むきを手伝った。これを大きな塩漬けのたら(ポルトガル産だと思う)と一緒に煮込むという。こりゃあ4人分どころじゃない、優に20人分はあるぞ、という我々3人の言葉などまるで聞く耳を持たず、私が見たこともないような特大の鍋を出してきて、こいつでなけりゃだめだの一点張り。やがて野菜が煮えてきたころあいを見計らって両手いっぱいのにんにくを刻み、そこに煙が立つほど熱したオリーブオイルを回しかけ、パプリカを加えてあえる。これを熱々のたらとキャベツ、じゃがいもにかけてでき上り。と、作り方は至って単純。だが、これがうまい。スペイン産のワインを赤、白ずらっと並べ、食っては飲むの繰り返し。

　信じられないことに、気がつけば山のような料理を4人であらかた平らげていた。その夜は、和やかなうちにも白熱した議論を戦わせ、そして、大いに笑ったものだ。4人の外国人が飲みかつ食らいながら、そろいもそろっておかしな癖のある日本語を操り、ばか話をしては腹を抱えて笑っている——思うだにすさまじい光景だ。あの夜、我々を見た人たちはいったいなんと思っただろう。

　フラガ神父の料理は作り手同様、味わい深く、量はたっぷり、そして楽しいことこの上ない。フレンチの高級レストランで出てくるような、手の込んだ、だが皿の真ん中にちょこっとあるだけの料理とは、似ても似つかないものだ。すしでも、シチューでも、彼の基準は一緒。供されるものすべてをありがたく堪能する。これほど愛すべき人物を、私はほかに知らない。

　……まあ、欲をいえば、そろそろ新しいジョークを仕入れてほしいところだが……。

2001年11月　　訳　森　洋子

PLATO FUERTES I
メインディッシュ

　私の名前は正式には、
　　César Adolfo Fraga Adrio González
　　Maquieira Valcarce de Lis
と言います。落語の〝じゅげむじゅげむ〟よりは短いのですが、両親の代々の名前を受け継ぎました。これではあまりにも長すぎるので、普段は〝セサール・フラガ〟と名乗ります。

　1929年、私はスペインの最北西、ガリシア地方のポルトガルの国境に近い海沿いの町、カンガス（Cangas）に生まれました。

　警察署長の父とお姫様のように育った母との9番目の子供でした。上の8人は皆、女でしたから、フラガ家にとっての初めての男の子でした。後に弟と妹が生まれ、11人兄弟となりました。警察署長の父はとても厳しくて、子供のころの私にとって本当に怖い人でした。

　7歳の時のことでした。父の葉巻きを1本盗んで、大人の気分になって吸っていたところを見つかったのです。ところが父はしかることなく、「もう一本どうか」と差し出しました。父と肩を並べ、足を組み、ソファにもたれかかりながら葉巻きを吸う気分はなんともいえず、有頂天になりました。その上さらに父がもう一本、もう一本と差し出し、目が回るまでやめることができませんでした。たばこを吸ったのが7歳、やめたのも7歳でした。お酒で酔っぱらったのも7歳でした。その時、とても気持ちがよくなって、「神様、いつまでもこの気持ちを続けさせてください」と祈ったとたん、天井がぐるぐる回り出し、吐き出してしまいました。

　たばこは1回で懲りましたが、お酒は今でも大好きです。

　8歳の時には、腕白だった私は姉とけんかをして、誤って切りつけてしまいましたが、父にしかられる恐ろしさから、父のピストルを1丁盗んで、家から4キロ離れた山の中へ逃げ込んだのです。山賊になって、旅人が来たら「お金か命を出せ！」と、脅すつもりでしたが、旅人は一人も通らず、空腹に負けてこっそり家に帰りました。

　フランコ将軍時代に生きた、厳しい父でしたが、私が来日した前年の1951年、65歳で亡くなりました。

　お姫様育ちの母はあまり体が丈夫でなく、お手伝いさんに家事を任せていました。卵白で作る甘いメレンゲが大好きで、しばしばお菓子屋に買いに行くところを見つかり、「メレンゲちゃん」のあだ名がついたほどです。体が弱かったので健康には気をつけていたおかげで、91歳で天国に召されました。

　8人の姉たちは私をお人形に見立てて遊びました。カリンの種を水につけて一晩おくと、次の日にはゼラチンになります。それをちりちりだった私の髪の毛に塗りつけ、ぴんとさせるのです。ところが、はえが頭にいっぱいたかるのには困りました。でも、いいポマードでした。

　大嫌いだったカリンも今では毎年、ジャムを作ります。このカリンのジャムを、私たちは〝女王様〟と呼び、チーズを小さく切った上にのせて食べるのです。

さて、その姉の一人、イザベルの新婚時代のことです。私が8歳の時で、姉の家に遊びに行きました。食堂のテーブルにはごちそうが並んでいましたが、夫婦は大げんかの最中でした。そして、二人は夕食も食べずに部屋に引きこもってしまいました。私は一人でこの夕食を何時間もかけて、全部食べてしまったのです。怒りが収まっておなかのすいた二人が食堂に来てみると、食堂には何も食べ物がありませんでした。
　「夕食は必ず二人で、共にすること」。これが姉夫婦の教訓となり、それからは、85歳まで夕食は必ず一緒に食べていました。

　ここで、妹のマリ・カルメンのことを少しお話ししましょう。
　妹は結婚したときは、料理は得意ではなかったのです。そこで、小さな料理の本を手に入れました。その本は、写真はなく、手帳ほどの大きさですが、5種類のスープから始まりチョコレートケーキまで、57ページの中に170種類のレシピが載っています。この本をもとに料理を作って友達に食べさせたところ、たいへん褒められたのです。当時からその本は若い娘たちの料理の基礎でした。ガールスカウトでも使われたそうです。
　チャロという女性が書いたもので、私も今回、この本を参考にした、いくつかの料理を紹介しています。妹がうまくできたくらいですから、皆さんもきっと上手にできると思います。

　さて、私は12歳で志願院に入りました。この志願院は600〜700年前の建物で、170人以上の人がいました。
　ある冬のことでした。暖房がなくて、とても寒く、ベッドから出る勇気もなくて仮病を使いました。体温計を毛布でこすって41℃に目盛りを上げる術を知っていました。大切に病院に運ばれました。病院のベッドは三つふさがっていました。4台目のベッドに潜り込んで寝ていると、ブラザーが大きなどんぶりに飲み物を持ってきてくれました。コーヒーかすと牛乳を混ぜたように見え、それを朝食と思い飲みました。空腹にそれはかなりおいしかったのです。ほかの生徒は本当に病気だったので、口をつけずにそのままでした。
　3人分を全部飲んでしまったあと、寒い、長い廊下を何回往復したことか……つまりそれは、下剤だったのです。

　15歳で修練院に移り、23歳で来日しました。日本語と哲学を勉強するために、東京都調布市の神学院に4年ほどいました。1955年12月21日に、神父になりました。すぐにサレジオ会の学校で教えなければならなかったのですが、機械、電気科の教員の免許を隠していたので、大分の杵築の教会に赴任しました。杵築は故郷と同様海に近く、またモーターボートの操縦が好きでしたから、自らボートの設計図をかき、製作しました。5メートルほどの長さがあり、4〜5人が乗れるこの船で、魚をとり、料理

をしました。

　ある時、イタリア人のアルベルト神父が入院しました。彼のお見舞いにいくと、病院の食事がまずいと嘆いていました。そこで、私が料理して病院に届け始めました。参考にしたのは、当時のスペインのヒル・ロベレス内閣の大臣夫人から送ってもらった本でした。この本のおかげでめきめき料理の腕が上がりました。

　ある日、焼きたてのステーキを熱いうちに食べさせたくて、新聞紙に包み、胸に入れて250ccのオートバイで病院に走っていましたが、40キロオーバーのスピード違反で警察官に止められました。「お巡りさん、決して逃げません。ステーキを病院に届けたいのです」と免許証を警官に預けて病院に走りました。しかし、病人は食欲がなかったので、私は2人分のステーキを食べてから、警察署に出頭しました。事情を話したら許してくれたのです。結局、1年間、病院へ料理を届けました。これが私の料理人としての出発点といえるでしょう。ここで私が幼いころ食べていた料理のいくつかを紹介しましょう。

　それでは
¡Vamos a cocinar!　（さあ、料理をしましょう！）
Con mis recuerdos　（いっぱいの思い出を入れて）
　そして、料理ができ上がったら、
¡Vamos a comer!　（さあ、食べましょう！）
Con los amigos　　（友達と一緒に）
Para hacer un recuerdo　（思い出を作るために）

TORTILLA DE PATATA　スペイン風じゃがいもオムレツ

SOPA DE AJO　にんにくスープ

SARDINAS GUISADAS
CON PATATAS　いわしの重ね煮

FRITURAS DE PESCADO　魚のてんぷら

PULPO A LA GALLEGA　たこのガリシア風

EMPANADILLAS　いわしのエンパナディージャ

ARROZ CON LECHE　米のミルク煮

TORTILLA DE PATATA
スペイン風じゃがいもオムレツ

材料（6〜8人分）
じゃがいも　　6〜7個
卵　　3個
塩　　小さじ1½
揚げ油

調理時間　　20分

① じゃがいもは皮をむき、できるだけ薄く切り、切った端から水にさらす。（さらさなくてもよい）
② じゃがいもの水気をよくきり、180℃に熱した油でしんなりするまで揚げる。何度にも分けずに、一度で全部を揚げてしまうこと。
③ 大きめのボウルに卵を割りほぐし、塩を加える。ここに②をよく油をきって加え、かるく混ぜる。
④ 直径24cm以下の小さなフライパンを火にかけ、薄く油をひいて③を流し込む。弱火で、表面が平らになるようにフライ返しなどで強く押さえる。特にフライパンの縁の回りは、中に入れ込むようにして形を整える。
⑤ 半分ほど火が通ったところで、フライパンよりひと回り大きな皿を上に伏せ、フライパンを逆さにして皿にじゃがいもを移す。フライパンの汚れをふき取り、焼いていない面を下にして、フライパンにすべらせるように入れる。形を整えながら、中まで火が通るように弱火で焼く。
⑥ こんがりと焼けたら皿に移し、人数分に切り分ける。好みでケチャップをかけたり、パセリのみじん切りやオリーブの実を飾っても楽しい。

これは基本的な作り方ですが、同じ材料で作っても、各家庭やバル（飲み屋）によってそれぞれ味が違います。スペインでは、しょっちゅう作るために、オムレツ用の油が入った鍋がいつも用意してあって、この油の中には塩が入っています。ですから塩味はつけません。

　これを作れるようになれば、次はじゃがいもの代りにきのこを入れたり、えびやほうれん草などの野菜で試してください。揚げた小あじを入れたりもします。家族のみんなからとても喜ばれると思うよ。おしゃれにするには、つまようじにオリーブの実やアンチョビーなどをさして上に飾ったりします。

　じゃがいもといえば、こんなことがありました。子供のころ、母がじゃがいもをゆでていたときにお客さまが来ました。鍋の番を言いつけられた私は、ゆで上りを試しているうちに全部食べてしまいました。もちろんしかられましたが……。また、修練院に入ったとき、私の仕事はいつもじゃがいもの皮むきでした。毎日200人分のじゃがいもの皮を、3人でむかなければなりません。みんなが遊んでいるときも、椅子に腰かけての皮むきは大変でした。

SOPA DE AJO
にんにくスープ

材料（4人分）
フランスパン　適宜
にんにく　2～3かけ
卵　2個
パプリカ　大さじ2
オリーブオイル　適宜
塩　少々

調理時間　15分

① フランスパンを1cmの厚さに切って、1人2切れ用意する。フライパンにオリーブオイル少量を熱し、フランスパンの両面を色よく焼く。
② 鍋に湯700mlを沸かし、①のパンを入れる。
③ この間に、フライパンにオリーブオイル1/4カップを弱火で温め、つぶしたにんにくを入れてきつね色になるまで炒め、取り出す。この油にパプリカを加えてかき混ぜ、すぐに沸騰した②の鍋に加える。
④ 塩で味つけし、割りほぐした卵を鍋の中に加え、箸で左右に波のように混ぜ、沸騰寸前で火を止める。

ガリシア地方の素朴な、貧乏人のスープです。パンは、古くかたくなったものでもかまいません。スペインはキリスト教の国ですから、私たちにとってパンは特別な〝神の恵み〟です。絶対に捨てることはしません。

　戦争の時はパンがたいへん不足したため、このスープが高級な料理になってしまったことがありました。

　ガリシアのパンは、直径が30cmほどもある丸いパンです。今でも郊外には、パン焼きがまが残っていて、昔ながらの焼き方のパンを食べることができます。私は外側のかたい部分が好きです。

　「やれやれ、これからスープを作らねば！」と思ったとき、ぜひ一度作ってみてください。インスタントのスープよりおいしくて、早くできますから。「これがにんにくのスープ？」と思うほど、臭みはありません。素朴で、上品な仕上りです。

　にんにくは強火では炒めないでください。苦みが出ますから。

　私は、これに冷たい牛乳を加えて飲みます。すごくおいしくなります。

SARDINAS GUISADAS CON PATATAS
いわしの重ね煮

材料（4人分）
小ぶりのいわし　12尾
じゃがいも　4個
玉ねぎ　2個
トマト　5個
ピーマン　5個
にんにく　1～2かけ
オリーブオイル　¼カップ
パプリカ　大さじ3
塩、こしょう　各少々
白ワイン　½カップ

調理時間　40分

① いわしは頭を落とし、腹開きにして内臓と骨を取る。大きい場合は三枚おろしにしてもいい。
② 皮をむいたじゃがいも、玉ねぎ、トマト、種を取ったピーマンはすべて1cmほどの輪切りにする。にんにくは薄切りにする。
③ 深鍋にオリーブオイルを大さじ1～2入れ、玉ねぎ、じゃがいも、トマト、ピーマンの順に、それぞれの⅓量ずつを敷く。パプリカ大さじ1をかけ、いわしの半量を元の姿に戻して並べる。その上にまた⅓量の野菜を順に敷き、パプリカ大さじ1をかける。残りのいわしを並べ、残りの野菜でおおう。塩、こしょうをしてにんにくを散らし、白ワインと残りのオリーブオイルを回しかけ、残りのパプリカをふる。
④ ふたをして中火にかけ、グツグツと煮えてきたら弱火にする。途中、煮汁が足りないようなら水か白ワインを加えてもいい。じゃがいもが煮えたら、でき上り。

で きたての熱々が最高ですが、冷たくなったのもおいしいです。

　写真では見栄えがいいように、いわしをいちばん上にのせましたが、家族で食べる場合は、なるべくいわしに味がしみ込むように野菜の間に入れるほうがいいでしょう。

　はじめは煮汁が足りないように思うでしょうが、野菜や魚から水分が出てくるので、それほど心配はありません。

　私が14か15歳の時でした。第二次世界大戦が終わるころ、スペインはドイツ、イタリアに借金があり、食糧を供出していたので、食べるものがとても不足していました。ある日、いわしが手に入りました。丸のまま塩で焼き、いわしの頭としっぽを持って、「あ！　うん」と一口で半身、「あ！　うん」ともう一口で残りをと、1尾を二口で食べ、41尾を食べました。これが人生でいちばんおいしかった思い出です。当時は、すぐに燃えて炭になるとうもろこしの芯を浜辺へ持っていき、丸のいわしを焼いて食べていました。

　ガリシアに来る日本人はなぜか、たくさんいわしを食べます。日本のいわしとはまた違った味がするようです。

　右の版画は〝オレオ〟といって、庭の片隅にある野菜のための倉庫です。

FRITURAS DE PESCADO
魚のてんぷら

材料（4人分）
魚（いわし、あじ、きす、小鯛など）　8尾
衣
　卵　1個
　薄力粉　1½カップ
　牛乳　1カップ
　自然塩　少々
　揚げ油

調理時間　20分

① 魚は腹から内臓を出して開き、骨を取る。三枚におろしてもいい。塩、こしょうなどの下味はつけない。
② ボウルに卵を割りほぐし、薄力粉と牛乳を加え、よく混ぜ合わせて衣を作る。
③ ①に衣をつけ、160〜170℃に熱した油で揚げる。食卓に出すときに、高いところから粗い塩をぱらぱらとふりかける。

このてんぷらはしっとりとした感じが特徴です。私の家のメイドがてんぷらを揚げだすと、子供たちはすぐに群がるように集まってきますが、このてんぷらにありつける子供はめったにいません。メイドは絶対触らせもしない。揚げた魚のてんぷらをとられないように見張っているのですが、そのすきに、残った衣だけで揚げたてんぷらを盗むのです。この中身なしのてんぷらは、衣の中に牛乳、魚の味がしみ込んで、ふわふわして、子供のころの私にとっては格別においしいものでした。中身なしのてんぷらをせしめたあと、子供たちは一目散に逃げました。もちろんメイドは追いかけてきましたけれど。でも、追いかけるふりをしていただけかもしれないね。

　日本のてんぷらのルーツの料理です。スペインでは、年4回の季節の変り目を〝témporas（テンポラス）の時期〟と呼び、その1週間は肉を食べてはいけなかった。ですから、その時期は魚を揚げて食べました。最近まで肉のてんぷらがなかったのは、この習慣が残っていたためだろうと思います。

　大航海時代、日本への航海中に、スペインの船乗りたちは魚を釣っててんぷらを作り、食べていました。船が長崎に着くと、日本の役人が乗り込んできて、この料理を見て「これは何か？」とききました。スペイン人がわからないままにテンポラスの説明をしているうちに、この料理の名前が「てんぷら」というものだと思い、今に伝わったようです。

PULPO A LA GALLEGA
たこのガリシア風

材料（4人分）
生だこ（または、ゆでだこ）の足　　約500g
じゃがいも　　3個
パプリカ　　適宜
にんにくのみじん切り　　1かけ分
オリーブオイル　　適宜
自然塩　　適宜

調理時間　40分

① たこがゆったりと入る鍋にたっぷりの湯を沸かし、たこを入れて20分ほどゆでる。
② 皮をむいたじゃがいもを丸のまま加え、さらに10分ほどゆでる。じゃがいもがやわらかくなったら、たことともにざるに上げ、湯をきる。
③ 熱いうちに、たこは1cmほどの厚さに切り、じゃがいもも同じ厚さの輪切りにして皿に並べる。
④ 上からパプリカ、にんにくのみじん切り、オリーブオイルをかけ、粗めの塩を高いところからふりかける。

ガリシア地方の人はよく、たこを食べます。バル（飲み屋）などのつまみとして、ワインと一緒に食べます。

　たこは生だこでも、ゆでだこでも30分以上煮てください。時間が少ないとかたくなりますから。冷凍の安いたこでもおいしくできます。たこが丸々1匹手に入ったら、木づちでよくたたくか、石の上に40回以上たたきつけます（日本では大根でたたきますが）。そのあとよく洗います。大鍋に玉ねぎ1個を入れてお湯をたっぷりと沸かし、たこの頭を持って3回ほど、お湯につけたり、出したりを繰り返します。そのあと3時間以上、たこが充分やわらかくなるまでゆでます。

　じゃがいもを入れるのはガリシア風です。祝い日には市が立ち、たこ売りが出ていました。大人も子供も楽しみにしていましたが、そこで売っているのはたこだけで、じゃがいもは入っていません。

　この料理を食べるときは、水を飲まないようにしてください。たこは消化がよくありませんので、あとが大変です。よくかむことが大切で、飲み込まないようにしてください。パプリカの代りに七味とうがらしをかけても、おいしくなります。

　ビールや赤ワインでいただきましょう。

EMPANADILLAS
いわしのエンパナディージャ

材料（約16個分）
エンパナディージャの皮
   薄力粉　　300 g
   オリーブオイル　　½カップ
   白ワイン　　½カップ
   卵　　1個
   塩　　小さじ1
   ドライイースト　　小さじ½
エンパナディージャの具
   いわし　　2尾
   玉ねぎ　　1個
   ピーマン　　5個
   オリーブオイル　　適宜
   塩、こしょう　　各少々
   パプリカ　　大さじ1

調理時間　　2時間30分

① まず、皮の生地を作る。ドライイーストは大さじ1のぬるま湯で溶いて、10分ほどおく。
② 台に薄力粉を山にして真ん中にくぼみを作り、オリーブオイルを入れて、回りをくずすようにしてざっと混ぜ、白ワイン、割りほぐした卵、塩、イーストの順に加えて混ぜる。手につかなくなるまで、5〜7分こねる。まとまりが悪ければ粉を、かたいようなら水を加えて調節する。
③ ②をひとまとめにしてボウルに入れ、ラップフィルムをかぶせて暖かいところでねかせる。1時間ほどたったら上からパンパンとたたいてガスを抜き、さらに1時間ほどねかせる。
④ 具を作る。いわしは手開きにして内臓、頭、尾、骨を取り除き、3cm幅のそぎ切りにする。
⑤ 玉ねぎ、ピーマンは細切りにしてオリーブオイル少々で炒め、塩、こしょう、パプリカで味をつけ、冷ます。出てきた汁は捨てる。
⑥ ねかせておいた③の生地は薄力粉（分量外）をふった台に移し、ギョウザの皮くらいの厚さにのばし、皿か小鉢などを使って10〜12cmの円に切る。
⑦ ⑥の皮に⑤と④の具をのせ、皮の周囲に水をつけて半分に折り、フォークの先を押しつけてしっかり閉じる。ギョウザ風に閉じてもいい。
⑧ 200℃のオーブンで約20分、焼けぐあいを見ながら、きつね色になるまで焼く。

この皮の作り方はde la Señora Josefa〝ホセファおばちゃんのエンパナディージャ〟といい、田舎のおばちゃんの作り方です。スペインでは、ピクニックに持っていくものです。だからできたてよりも少し冷たくなったほうが、味がよくなじんでおいしいのです。でも今は、パン屋さんに注文して作ってもらう人が多いのです。日本のお金でいえば100円ほどの値段で買えます。これより大きいエンパナーダ（68ページ参照）もパン屋で売っています。私が子供のころ、エンパナーダは汽車の中でも売っていました。

　家ではいつもお母さんと子供たちが一緒に作る料理でしたから、とても楽しかった思い出を持つ人が多いのです。私も自由に形を作れたから楽しかったよ。皆さんもお子さんと一緒に作ってみてください。ギョウザのように具を皮で包み、ひだをつけて閉じると早く包めます。私はギョウザを包む器具を買いましたので、これを使うととても早く、うまく包めて助かっています。オーブンで焼くほかに、揚げたりもします。

　日本人がおにぎりに梅干しや鮭、たらこなどを入れるように、エンパナディージャの具もいろいろあります。豚肉、ソーセージ、ツナ、いか、えびなど、お好きなものを入れてください。豚肉など火の通りの悪いものは、玉ねぎやピーマンを炒めるとき、一緒に炒めてください。

　この料理でいちばん大事なことは、炒めた具の汁気をよくきることです。

ARROZ CON LECHE
米のミルク煮

材料（11×14cmの流し缶1個分）
米　　1カップ
牛乳　1カップ
砂糖　70g
レモンの皮　　適宜
シナモンスティック　1本
バニラエッセンス　少々
グラニュー糖　適宜

調理時間　20分

① 鍋に500mlの湯を沸かし、米を入れて5〜6分煮て、ざるにあける。
② 鍋に牛乳を沸かし、砂糖、ゆでた米、レモンの皮、シナモンスティックを加え、さらに煮る。米がやわらかくなって、おおよそ固まってきたら火を止め、レモンの皮とシナモンを取り除き、バニラエッセンスを1〜2滴落とす。
③ 水でぬらした流し缶に②を流し込み、冷蔵庫に入れて冷やす。
④ 充分冷えて固まったら流し缶から出し、グラニュー糖を上からふりかけて、熱した金串で格子柄の焼き目をつける。

ご飯に砂糖と聞くだけでみんな変な顔をするでしょうが、とてもさっぱりした上品なお菓子に仕上がります。ガリシア地方ではグラニュー糖をかけますが、他の地方ではシナモンパウダーをふります。スペインの北のほうのバスク地方では、誰がいちばん多く食べられるか、クラブ対抗で競争するほど人気のあるお菓子です。

　牛乳のことで思い出すのが、私が小さいころ、よく牛乳の盗み飲みをしていたことです。ピッチャーに入っている牛乳には膜が張っていて、飲むとすぐわかってしまうので、ストローを差し込んで飲んでいたところを母に見つかり、しかられました。次に考えたことは、ピッチャーの回りに口紅をつけて、姉のせいにすることでしたが、8人もいたので、彼女たちは大いにもめました。

　お米はガリシア地方ではとれないので、バレンシア、セビリアから買っていました。米の料理はいろいろありますが、珍しいところでは、米を豚の血と合わせてソーセージの中身に使います。

PLATO FUERTES II
メインディッシュ

　私の生まれたガリシア地方は、リアス式海岸の語源になった入り組んだ海岸が至る所にあります。"リア"は河口の意味ですが、いくつもの入り江が集まってギザギザになっている様子をいいます。このガリシア地方には漁民が多く、海難事故に遭う人も多いのです。漁師だった父親を失った子供たちのための小学校があるほどです。

　さて、ガリシアといえばスペインの守護聖人、聖ヤコブの遺体をまつってある大聖堂、サンティアゴ・デ・コンポステラがつとに有名です。フランス国境からそこに至る864キロの巡礼の道は、ユネスコの世界遺産の指定を受けています。聖ヤコブの命日の7月25日が日曜日に当たる年は聖年といい、1999年がこの年でした。世界中の多くの人々がサンティアゴへの巡礼の道を歩きました。徒歩の人、自転車の人、馬、ろば、バス、車で向かう人などそれぞれでしたが、私は自転車で864キロを10日間で走りました。69歳の時でした。愛用の自転車は日本から運びました。一番の問題はかたいサドルでしたが、座ぶとんを敷いて座ると心地よく、おしりがすりむけずにすみました。しかし、自転車なので砂利道の昔の街道を避けて舗装道路を走りましたが、町と町が離れているために、バル（日本でいえば飲み屋のような、喫茶店のような店）もなく、おなかは減るし、ビールは飲めないしで、たいへん苦しい行程となりました。

　この本の版画は古い友人の池田宗弘さんの協力を得ましたが、彼はこの巡礼の道の絵地図を作り、サンティアゴの大聖堂に納めることができた名誉ある人です。1983年、文化庁在外研修員としてロマネスクの勉強のためにスペインに渡りました。その折、人々の信心の深さ、親切心に打たれ、結局12年かかって、1冊の名誉ある本が完成しました。この『スペイン・サンティアゴ巡礼の道絵巻』は、フランスの国境からの道を実際に歩いて忠実に描かれたもので、和紙でとじてあり、厚さは15センチほどで、ガイドブックとして最高の作品です。現存する1000年前の地図との比較もたいへん興味深いと思います。

　この本に池田さんが「西洋のいちばんはずれにあるサンティアゴの地を、東洋の東のはずれから訪ねた記録」と書いているように、人の出会いは本当に不思議だと思います。

　アメリカ大陸が発見されるまで、スペイン北西部は"地の果て"と呼ばれていました。それは、その先は神の国、という意味を持っていて、人々のあこがれでした。その後、ガリシアと呼ばれるようになりました。

　サンティアゴの大聖堂に隣接する12世紀に建てられた建物の食堂にある持送りのレリーフは、古楽器を奏でる人々や食卓をテーマにしていますが、その食卓には今のガリシア料理を見ることができます。例えばエンパナーダがあります。エンパナーダというのは、この本に詳しく作り方を書きましたが、パイの一種で、たいへん素朴なものです。中には肉、たら、うなぎ、いわしなどを入れて焼くものです。

そのほか、今もラマンチャで使われているオリャ・ポドリーダの鍋や、独特の形をしたチーズも作品になっています。このように、今の食べ物はすでに12世紀には作られ、食べられていたのです。
　ガリシア地方では農業、漁業に就く人が多く、寒さも厳しいので、煮込み料理が好まれます。夏以外は、毎日1時間ほどの間、雨が降ります。もし田舎道で雨に降られたら雨宿りをおすすめします。なぜなら、鍋がいつも火にかかっているはずですから。
　港町の多いガリシア地方の食材は日本と共通しています。ビゴの古い通りには気軽に食べられる屋台があります。生がきとピミエントス・デ・パドロン（小さいピーマンをオリーブオイルで焼き、塩をふりかけただけの料理）と冷やした辛口の赤ワイン、パンを注文して4人分で1,200円ほどで、安くいただけました。
　かきはガリシア地方では一年中手に入ります。昔は天然物ばかりでしたが、最近は日本のようにかき棚で養殖されています。日本に比べて小ぶりですから、殻つきで求め、身を出してレモンをしぼって、木か陶器のスプーンにのせて口もとに運び、つるりと食べるのが最もおいしく味わえます。レモンをしぼると、金属のスプーンはレモンの酸で変色するため、日本の塗りのスプーンはすべりもよく、見た目も美しいので、かきを食べるには最高です。妹のマリ・カルメンの亭主のカミーロは若いころ、生がきを40個食べたと言っていました。私もカミーロには負けますが、2ダースなら食べたことがあります。

　私はかきに火を入れる、てんぷらやフライはあまりしません。生で充分においしいものを、スペイン人は加工しないのです。あさりも生のまま食べることができます。
　帆立貝も同様に多く食べます。池田さんの本にも描かれている帆立の貝殻は、聖ヤコブが水を飲むために使ったといわれ、巡礼者のシンボルであり、巡礼の道標にもなっています。
　そして、かにも多くとれます。ガリシアのかには脚が短いのが特徴で、こけがついているので汚く見えますが、これは海水の温度が低くて、早く大きくなれないからです。フランスのものは海水温が高いので成長が早く、見た目はきれいですが、味はガリシアのかにのほうがずっとおいしいです。さらに今赴任している杵築では、守江湾でとれる魚がいろいろあるのです。鰺、鰯、鯖、たこ、きびなご、そして大分県一番の味と量を誇るかきの産地でもあるのです。スーパーマーケットではなるべく一匹のままで買います。頭も尻尾も捨てたくないのです。魚がいっぱいのガリシアが懐かしいですね。この章では、魚介を使った料理を紹介しましょう。

キリストの復活

OLLOMOL GUISADO 煮魚

SHIRASU AL AJILLO しらすのオリーブオイル鍋

ISAKI A LA VINAGRETA いさきのマリネ

ALMEJAS A LA MARINERA あさりの漁師風

SARDINAS EN ESCABECHE いわしのエスカベーチェ

SALMÓN EN ESCABECHE 鮭のエスカベーチェ

GAMBAS AL AJILLO えびのとうがらし炒め

ALBÓNDIGAS DE CAZÓN CON TOMATE 魚だんごのトマトソース煮

OLLOMOL GUISADO
煮魚

材料（4人分）
魚（さわら、鯛など）　約800ｇ
玉ねぎ　中2個
じゃがいも　3〜5個
にんにく　1〜2かけ
オリーブオイル　大さじ4
サフラン　少々
パプリカ　大さじ2
塩、こしょう　各少々
ご飯　適宜

調理時間　40分

① 魚は、1尾の場合はうろこを取って内臓を出し、よく水で洗って4〜5cmの筒切りにする。切り身の場合は、この筒切りくらいの大きさのものを4切れ求める。
② 玉ねぎ、じゃがいもは皮をむいて乱切り、にんにくはみじん切りにする。
③ 土鍋にオリーブオイルを入れて熱し、玉ねぎを炒める。ここににんにく、サフラン、パプリカ、じゃがいもを加えて、ひたひたまで水を注ぎ、じゃがいもがやわらかくなるまで煮る。
④ 魚（頭があれば頭も）を加えて、魚に火が通るまで煮る。魚を入れたら、かき混ぜたりしないこと。塩、こしょうで味つけをする。
⑤ 皿に温かいご飯をリング状に盛りつけ、真ん中に④の魚と野菜を盛って食卓に出す。

ス ペイン版のブイヤベースと考えてください。魚は水っぽい魚以外なら、なんでもかまいません。

　お好みできのこ類を加えれば、味に深みが出て、とてもおいしくでき上がります。寒い季節なら、魚を入れる前に水溶き小麦粉でとろみをつけると、体が温まります。

　スペインではご飯は煮るので、キューバ風になります。なんといっても、日本風の炊き方のほうがおいしい。ある時、私は姉のメルチェに炊飯器をプレゼントしました。彼女は喜んで、妹のマリ・カルメンに貸してあげたところ、ついに戻ってきませんでした。

SHIRASU AL AJILLO
しらすのオリーブオイル鍋

材料（4人分）
しらす干し（やわらかめのもの）　100g
オリーブオイル　1½カップ
にんにく　2〜3かけ
赤とうがらし　1〜2本

調理時間　5分

① にんにくは包丁の腹でたたきつぶし、赤とうがらしは種を取って輪切りにする。
② 小さい土鍋にオリーブオイルを入れて弱火にかけ、にんにくを入れる。にんにくが色づいてきたら赤とうがらしを加える。にんにくが焦げる寸前に赤とうがらしとともに取り出し、中火にしたところにしらす干しを入れる。あまりかき混ぜるとペースト状になってしまうので、混ぜすぎないように。
③ ひと煮立ちしたら、取り出した赤とうがらしを散らしてふたをし、熱いうちにそのまま食卓に出す。

スペインでは、アングラス（angulas）といって、うなぎの稚魚で作る代表的な料理です。稚魚がとれる季節になると、川のそばの村へ食べに行きます。

　いわし、うなぎ、いか、たこなどがとれるシーズンには、それぞれの産地の町で祭りがあるので、家族で出かけていきます。とても安く食べられます。このうなぎの稚魚はシーズンにたくさん買って冷凍しておいて、年中食べることができました。

　でも、今はとれる量がとても少なく、スペインでも高くなりました。日本でもデパートをのぞけば、缶詰のアングラスを見つけられると思いますが、私はいかの糸作りやどじょうで作ったりします。小さい生のえびでしたら、殻を取って使ってください。時期によって、生のほたるいかや白魚で作れば、とてもおいしいものができます。白魚の場合は、火を止めてから入れてください。煮すぎると身がくずれます。

　今回は、年中手に入るしらす干し（いわしの稚魚）で作ってみました。とてもおいしくできますが、塩味が強いものもありますので注意してください。かたい場合や、塩味が強いときは水につけておいてやわらかくしたり、塩気を抜いてから調理します。

　舌がやけどするほど熱いので、木のスプーンですくい、薄く切ったパンにのせて召し上がってください。

ガリシアの漁舟

ISAKI A LA VINAGRETA
いさきのマリネ

材料（4人分）
いさき　1尾（300ｇぐらい）
玉ねぎ　½個
オリーブオイル　¼カップ
酢　¼カップ
パプリカ　大さじ1
塩　小さじ½
こしょう　少々
じゃがいも　1個

調理時間　30分

① 魚は内臓を出して水でよく洗い、両面、3〜4cm幅に切れ目を入れる。
② 玉ねぎは横に薄切りにする。じゃがいもはポテトチップスかフライドポテトにする。
③ 瓶にオリーブオイル、酢、パプリカ、塩、こしょうを入れて、よく混ぜ合わせておく。
④ 浅めの鍋に湯を沸かして、①の魚を丸のまま入れてゆでる。完全に火が通ったら湯を捨て、形をくずさないように皿にのせる。
⑤ ④の魚の上に玉ねぎのスライスをのせ、魚が熱いうちに③のソースをたっぷりかける。揚げたじゃがいもを添えて食卓へ。
＊いさきの代りにさばでもいい。また1尾づけでなく、まぐろやはまちの切り身でもいい。

マリネですから、酢はたっぷり使ってください。妹のマリ・カルメンはこの料理が大好きで、何回も作っていました。マーケットへ行って、安くて新鮮な魚があったら買ってきて、マリネにしていました。さっぱりとしているので、夏に向く料理です。

どんな料理でもいえますが、魚の頭は捨てないでください。にんにくのすりおろし、刻みパセリ、バター、塩、こしょうをすり鉢でよくすり、魚の頭の両面にぬってオーブンでこんがり焼くと、ワインのおつまみとしての一品になります。

ガリシアの漁師・ズボンとベレー帽

ALMEJAS A LA MARINERA
あさりの漁師風

材料（4人分）
あさり　500g
玉ねぎ　1個
ピーマン（緑、赤、黄色などを合わせて）　3個
トマト　中2個
にんにく　2かけ
白ワイン　1カップ
パプリカ　大さじ3
サフラン　適宜
塩、こしょう　各少々
小麦粉　½カップ
オリーブオイル　½カップ
パセリのみじん切り　適宜

調理時間　20分

① 玉ねぎ、ピーマン、トマト、にんにくは、粗みじんに切る。
② 鉄鍋か土鍋にオリーブオイルを熱して玉ねぎを炒め、しんなりしたらピーマンを加えて炒める。さらにトマト、にんにくを入れて炒める。ここに白ワイン、水1カップ、パプリカ、サフランを加え、塩、こしょうで味を調える（全体に味がなじむまで煮込むと、なおいい）。
③ ②にきれいに洗ったあさりを入れ、ふたをして火を通す。貝のふたが全部開いたところで、1カップの水で溶いた小麦粉を回し入れ、加減しながらとろみをつける。最後に、みじん切りのパセリをたっぷり加えてでき上り。

オードブルとして作ってください。とても手早くできる料理ですが、時間があれば、味つけをしたあと煮込んだほうが、まろやかになります。

　人数が急に増えたときなど、あさりが少ないと思ったら、玉ねぎ、トマト、ピーマンを増やしてかまいません。パプリカは遠慮なくたっぷりと使ってください。

　家庭では、鍋ごと熱々を食卓に出します。お皿を1枚洗わずにすむでしょう。本来は家庭料理ですが、バルでも酒のつまみとして出しています。

　はまぐりで作ってもおいしくできます。このはまぐりが最近では、日本の種をガリシアの海岸に蒔いて育てています。だんだんとガリシア産のはまぐりがなくなってきました。

SARDINAS EN ESCABECHE
いわしのエスカベーチェ

材料（4人分）
いわし（または、あじ、きす、わかさぎ、いかなご、
　さんまなど）　400〜500g
小麦粉　適宜
オリーブオイル　2カップ
酢　1カップ
ローリエ　2〜3枚
黒粒こしょう、
オレガノ、塩　各少々

調理時間　25分

① いわしは頭と内臓を取って流水で洗い、手開きにして骨を取る。いわしが小さかったら、骨は取らなくてもいい。
② 塩をかるくふって、両面に小麦粉を薄くまぶす。
③ 鍋にオリーブオイルを入れて熱し、150℃に上がったらいわしを入れ、中火でゆっくりと色よく揚げる。最後は強火にして、からりと揚げ、バットなどに移す。後で熱いつけ汁をかけるので、プラスチックや陶器などの熱と酸に弱い器は使わないこと。
④ いわしを揚げた油の上澄み約1カップを別の鍋に入れて火にかけ、温まったら酢、水1カップ、ローリエ、黒粒こしょう、オレガノ、塩を加え、沸騰寸前で火を止める。
⑤ ③のいわしに熱い④をかける。途中、上下を返しながらかける。完全に冷めたら冷蔵庫で保存する。翌日か、翌々日が食べごろ。

400年ぐらい前、長崎に入ってきた船から伝わった、いわゆる〝南蛮漬け〞で、シーチキンの原形です。シーチキンは最初、油と酢で作っていたのです。航海中に釣った魚はこのように料理して1か月も保存していました。南蛮漬け特有のとうがらしは使いません。酢の量もお好みで加減してください。

　食べるときは、よく味のしみ込んでいる、下のほうから食べてください。魚によっては、骨まで食べることができます。あじやさんまも作り方は同じです。

　ガリシアの漁師は漁に出てたくさんとれるようなときでも、とり続けません。1日分の収入になれば、それ以上とらないで帰ってきます。

SALMÓN EN ESCABECHE
鮭のエスカベーチェ

材料（4人分）
生鮭の切り身　4切れ
オリーブオイル　1カップ
酢　1カップ
パプリカ　大さじ2
塩　少々
玉ねぎ　½個

調理時間　25分

① 鍋に湯をたっぷり沸かし、鮭を1切れずつ入れ、身をくずさないように気をつけながら、中まで火を通す。取り出して水気をきり、深めの器に並べる。
② ボウルにオリーブオイル、酢、パプリカ、塩を合わせて、泡立て器でよく混ぜる。
③ 玉ねぎを薄切りにして魚の上に散らし、②の液をたっぷりとかけ、そのまま2〜3日、涼しいところで保存する。その間、何度か液をすくって上からかけること。

この料理は、いさきのマリネと作り方はほとんど一緒ですが、すぐに食べないで、冷まして、味のよくしみ込んだところを食べます。いわしのエスカベーチェのように、鮭は油で揚げてもおいしいです。作り方は同じ。残った汁は捨てないで、次回に作るときにオリーブオイルと酢を足すだけでまた使えます。本来はけちけち作らないで、これの3倍ぐらいの量を一度に作ります。ただし、魚の上に散らす玉ねぎはあまり強くてはいけませんから、量を加減してください。

　お隣のポルトガルでは、この料理専門の鍋が幾種類もあり、いつでも食べられるようにしています。この鍋はとても安いので、割れても惜しくありません。

　私の故郷のガリシアはポルトガルの北部に位置しています。日本の緯度でいえば札幌と同じ。寒い地方なので煮込み料理が多いのですが、漁業が盛んで新鮮な魚介類が手に入ります。この新鮮な素材の味を大切にするので、基本的にはソースに頼らないのです。ただ、保存のためのこの酢のソースは赤ワインにもよく合いますし、突然のお客さまにも困らないすぐれものです。

GAMBAS AL AJILLO
えびのとうがらし炒め

材料（4人分）
えび（ブラックタイガーなど）　200g
にんにく　1～2かけ
赤とうがらし　適宜
バター　大さじ2
オリーブオイル　大さじ2
塩　適宜

調理時間　5分

① えびは、殻つきのまま、節の間からつまようじで背わたを取り、大きいものは斜め半分に切る。にんにくは四つ割りにする。赤とうがらしは種を取り、半分に切る。
② フライパンにバターとオリーブオイルを熱し、にんにくを入れ、きつね色になったら赤とうがらしを加える。ここにえびを入れ、中まで火を通す。
③ ②を器に盛り、塩をふりかける。

びは殻つきのものを使ってください。えびはブラックタイガーでも、大正えびでも、冷凍でもいいです。この殻からおいしい味が生まれるのです。ダイナミックに手で殻をむきながら食べてください。ワイン、ビールのつまみとして、最高です。

　すぐできるので、突然のお客さまにとても便利な一品です。お待たせせず、熱いのをつまんでもらえます。あなたはその間に別の料理を用意すればいいのです。

　スペインでは、バルで人気があります。そのバルではクンカとよばれる赤土で造った陶器のおわんの様な器で、自家製の白ワインを飲みます。リベイロというのは、川辺で育ったぶどうで作るワインです。山で育ったぶどうとは違います。

Cunca (Taza)　　Corcho
RIBEIRO (ガリシアの白ワイン) はこれで飲む。

ALBÓNDIGAS DE CAZÓN CON TOMATE
魚だんごのトマトソース煮

材料（4人分）
鮭、あじ、真だら、ほっけなど、水気の少ない魚
　800ｇ
食パン（薄切り）　　2枚
玉ねぎ　　1個
卵　　2個
パセリのみじん切り　　大さじ3
塩、こしょう　　各少々
小麦粉　　適宜
揚げ油
トマトソース　　適宜

調理時間　　45分

① 食パンはトーストして細かく刻み、玉ねぎはみじん切りにする。
② 魚は頭、内臓、骨、皮をきれいに取り、粗みじん切りにする。フードプロセッサーを使ってもいいが、あまり細かくしないこと。
③ ボウルに①、②の魚、とき卵、パセリ（飾り用に少し残しておく）を入れてよく混ぜ、塩、こしょうをする。これを直径4cmほどのだんごに丸める。
④ ③のだんごに小麦粉をまぶし、中温の揚げ油で、中まで充分火が通るまで揚げる。
⑤ 器に盛り、温めたトマトソースをかけ、パセリのみじん切りを散らす。

ペイン料理として、昔からあったものではありません。インスタントの食品が嫌いで、いろいろな料理を作っていた姉のメルチェに教わりました。魚がたくさん手に入ったとき、余った分はだんごに丸める前の段階で冷凍にしていました。お客さまが急に見えたとき、姉がこれを冷凍からもどして丸め、小麦粉をつけて揚げるのを、私はよく見ました。

　この料理に使う魚は、1種類ではなく何種類かを混ぜてもかまいませんが、水っぽい魚は適しません。魚が足りないとき、買い物に行くには時間がかかりますから、そういうときは台所にある玉ねぎで増やしてください。できたての熱いのよりは、少し冷めたほうが魚のうまみが出ておいしいです。また、この料理は揚げた魚だんごをトマトソースで煮込むと、だんごがふわふわになって、また別のおいしさが味わえます。どちらの作り方も、おいしいトマトソースが決め手です。

　丸いので、ゴルファーにとても喜ばれると思うよ。

立飲屋の人々

PLATO FUERTES III
メインディッシュ

　スペイン内戦の勃発とともに、フランコ将軍派の父親と家族である私たちの周りに危険が迫っていました。8歳の時の山賊願望がぺちゃんこになった話はすでにしましたが、父はその後、私にピストルの使い方を教え込みました。ピストルの練習はいつも、妹のマリ・カルメンに空き缶を持たせて撃ち込んでいたのです。父にはないしょでした。後に、母は妹からこの話を聞き、私はたいへんしかられました。

　日本に来てからは、ハンターのライセンスを取得して、冬になるとニコルさんと連れ立って雪の黒姫山で、野うさぎや野鳥など食べられる小動物を捕りましたが、たぬきは臭くて嫌いでした。鉄砲は、猟師仲間に「腕前はさすが……」と褒められました。が、しかし、意味のない猟は私には向かなくて、次第に猟から遠ざかるようになりました。

　スペイン人で山のほうに土地を多く所有している友人は、猪猟をし、料理します。スペインの猪は大きくて200キロを超えるほどです。レンズ豆やエジプト豆を作っている畑に、夜、出てくるので、畑の中に石で囲いを作って、その中で猪を待つのです。もちろんワインと食べ物を持ち込むことは忘れません。馬に乗って、やりで猪を捕る伝統的な猟もありますが、効率はよくありません。

　〝猪の猟師風〟という料理がありますが、日本では猪がなかなか手に入らないので、豚肉に代えて作るといいでしょう。

　野外料理は本当に楽しいですね。代表的なものにパエリャがあります。

　ある日、九州の修道院の庭で、イタリア人の神父と贅沢といわれるたぐいの材料を買い込んでパエリャを作りました。パエリャは野外のたき火で作るのがいちばんおいしいのです。

　私はパエリャの作り方の本を持っていました。その上、作り方にはとても自信がありました。イタリア人の神父が石油ストーブを出してきました。私は、「本には、木を燃やし、たき火で作る、と書いてある」と言って、七輪を出し、まきで火をおこしました。料理をしている間、いろいろ言合いをした揚げ句、最後のところでひともめしたのです。

　でき上がったらすぐ食べられると思っていたイタリア人の神父に、私はこう言ったのです。「パエリャができ上がったあと、5分ほど鍋を地面に置くように、と書いてある」。コンクリートではなく土の上に、と書いてあったので、台所の入り口の上にパエリャを置きました。イタリア人の神父はしぶしぶ納得しました。二人はこのわずかな間、ビールを買いに行きました。戻ってみると鍋は空っぽでした。犬が食べてしまったのです。このパエリャのために、どれほど多くの材料と時間と口論とワインがいったかということを、犬は知らなかったようです。二人とも、大笑いをしたあとは、サラミとパンとビールでの楽しい夕食になりました。

　このイタリア人はボビオ（Bovio）神父といい、あいさつはいつも「こんにちは！」ではなく、「食べましたか！」で、「いいえ、後で食べます」と返事すると、すぐに何かを作ってくれた人でした。

PAELLA パエリャ

JABALÍ A LA CAZADORA 猪の猟師風

ARROZ CON POLLO 鶏肉の炊込みご飯

PAELLA
パエリャ

材料（8人分・直径40cmの鍋1個分）
鶏骨つき肉（手羽元など）　500g
ベーコン（薄切り）　3枚
殻つきえび　8尾
いか　1ぱい
はまぐり　200g
うなぎ、またはあなご　1尾
トマト　4個
ピーマン（赤、または緑）　3〜4個
さやいんげん　1袋
しめじ　1パック
玉ねぎ　¼個
にんにく　3かけ
米　2カップ
パプリカ　大さじ2
サフラン　適宜
塩、こしょう　各少々
オリーブオイル　適宜
スープストック　3カップ
　（または、熱湯3カップ＋スープの素適宜）

調理時間　40分

① 鶏肉は大きくぶつ切りにする。ベーコンは1cm幅に切り、えびは殻の節から背わたを取る。いかは、足を抜いてわたを除き、胴は薄皮をむいて1.5cm幅に切り、足はぶつ切りにする。うなぎは3〜4cm幅に切る。
② トマトは乱切り、ピーマンは八つ割りにして種を取る。さやいんげんは筋を取り、二つに切る。しめじは小房に分け、玉ねぎとにんにくはみじん切りにする。
③ パエリャ鍋かホットプレートにオリーブオイルを熱し、鶏肉を焼いて色よく焦げ目をつける。鶏肉を焼きながら、あいている場所で殻つきのえびをさっと炒め、色が変わったところで取り出す。鶏肉を鍋の縁に寄せてオイルを足し、にんにくを炒めて、香りが出たら玉ねぎを加えて炒める。鶏肉に八分通り火が入り、玉ねぎが透明になったらトマトを加える。塩、こしょう、サフラン、パプリカを加えて味をつけ、3〜5分煮る。
④ 米を全体に散らし、熱いスープを注ぎ入れる。鶏肉をのせ、しめじ、いか、いんげん、はまぐり、えび、うなぎ、ベーコン、ピーマンの順に彩りの配置を考えながらのせ、20分ほど炊く。
⑤ 底が焦げ始めたら火を止め、ふたをして5分ほど蒸らす。

＊うなぎやあなごは、生でも、白焼きでもいい。
＊トマトは水煮缶を使ってもかまわない。

スペインでは、大きな大きなパエリャ鍋から小さな鍋まで、たくさんの種類の鍋を売っています。パエリャ用の鍋は鉄板が薄く、熱の伝わりがいいようにできています。家族数に合わせた大きさのものをお持ちになることをおすすめします。基本の材料は左記にあげたようなものですが、ムール貝を入れたり、ウィンナーソーセージを入れたりして、好みと予算に合わせて、〝我が家のパエリャ〟に挑戦してください。この料理で大事なことは、まず火加減です。少しおこげができるくらいに加減してください。本来は外でまきをたいて作る料理ですが、それができない場合はガス台にれんがなどで脚を作り、少し火から遠ざけて炊くといいでしょう。次に、米は洗わないこと。日本の米は洗うと水分を含んでやわらかくなりすぎてしまいます。少ししんがある程度のでき上りでいいのです。そして、具を入れたらかき混ぜないこと。でも、煮えにくい材料は多少動かしてもかまいません。具が煮えないうちに焦げそうだったら、お湯か白ワインを足してください。食べるときは、平たいしゃもじで下からおこげごとすくうようにとります。上の少ししんのあるご飯と下のしっかり炊けたご飯を混ぜるためです。

　パエリャは1人分を作っても1万円、10人分作っても1万円の材料費がかかる料理。ですから、ある程度の人数分を作るほうが経済的です。

JABALÍ A LA CAZADORA
猪の猟師風

材料（4人分）
猪肉（かたまり）　500ｇ
じゃがいも　4個
玉ねぎ　3個
にんじん　3本
いんげん　100ｇ
ねぎ　3本
つけ汁
　オリーブオイル　½カップ
　レモン汁　大さじ2
　オレガノ　少々
　ローリエ　1〜2枚
オリーブオイル　½カップ
白ワイン　1カップ
オレガノ、ナツメグ、クローブ、サフラン、パプリカ
　各適宜
塩、こしょう　各少々

調理時間　60分

① 猪肉は3cm角に切り、つけ汁の中に少なくとも2〜3時間つける。
② つけ汁と猪、白ワイン1カップを圧力鍋に入れ、水を500mℓ加えて火にかけ、圧力が上がれば20分弱火で煮る。火を消し蒸気が自然に抜けるまでおく。蒸気が抜ければ別の鍋に移す。
③ じゃがいもは皮をむき半割り。玉ねぎは四つ割り、にんじんは厚めの小口切りにする。いんげんは半分に切り、ねぎは長さ5cmに切る。
④ 圧力鍋にオリーブオイル、カップ½を熱し玉ねぎを炒める。透明に近くなればねぎを加えてさらに炒め、塩、こしょうする。下煮した猪と煮汁、じゃがいも、にんじん（ひたひたにならなければ水を加える）オレガノ以下のスパイスを入れる。
⑤ 圧力鍋のふたをし、圧力が上がったら弱火に落とし、15分したら火を止める。蒸気は抜かずそのままで圧力を下げる。
⑥ 食卓に出すときに再び温め味を整える。

猟師の料理です。猪の肉が手に入らなければ、豚肉でも構いません。肉はもも肉でもロースでも予算によって使ってください。

猪の肉は、まず野生特有のにおいを消すためと、肉をやわらかくするために、左記のつけ汁に2〜3時間つけておいてください。さらに一度、下煮をすることも大切です。男の料理ですから、じゃがいもや玉ねぎ、にんじんは切らずに丸のまま入れてしまってもいいのです。ねぎは下仁田ねぎが手に入れば最高。

この料理からはおいしいスープがとれますので、中身を出したあと、こして、短く折ったスパゲティを加えると、もう一品作れます。

スペイン語で猟師のことをカサドール（cazador）と言います。日本のカサドールは必要以上に捕りすぎだよ。杵築に、田所さんという方がいて、時々猪の肉を届けてくれます。彼はわなをかけて捕ります。わなに人間がかからないように危険の張り紙をします。猪や鹿は学校に行ってないので字が読めないのです。

田所さんは殺し屋だけど、鶏を抱いて寝るような、優しいカサドールなのです。

ARROZ CON POLLO
鶏肉の炊込みご飯

材料（4人分）
米　　2カップ
鶏手羽元（または、もも肉）　　400〜500g
玉ねぎ　　1個
にんにく　　2かけ
ピーマン　　2個
赤ピーマン　　1個
トマトの水煮　　中1缶（生なら2〜3個）
しめじ　　1パック
ベーコン（薄切り）　　2枚
オリーブオイル　　適宜
塩、こしょう　　各少々
スープストック　　4カップ
しょうゆ　　小さじ1
サフラン　　適宜
パプリカ　　大さじ2
グリーンピース　　小1缶

調理時間　　30分

① 鶏肉は大きめのぶつ切りにする。玉ねぎ、にんにくはみじん切りにし、ピーマンは3〜4mm幅の細切りにする。トマトは小さく刻み、しめじは小房に分ける。ベーコンは1cm幅に切る。
② パエリャ鍋のような浅めの鍋にたっぷりのオリーブオイルを熱し、鶏肉を焦げ目がつくように焼く。ほぼ中まで火が通ったら、玉ねぎ、にんにくを入れて、色づかないように炒める。
③ ②にトマトを加え、塩、こしょうで味を調える。
④ トマトに火が通ったところで、米を平均に散らばるように入れる。熱いスープを静かに注ぎ入れ、しょうゆ、サフラン、パプリカを加える。しめじ、ピーマン、ベーコンを彩りよくのせ、味を確かめてから20分ほど、ふたをせずに炊く。
⑤ ほぼ煮えてきたらグリーンピースを散らす。水分がなくなり、底に焦げ目がついたら火を止め、鍋ぶたか、ふきんをかぶせて5分ほど蒸らす。

パエリャみたいなものだが、パエリャではない。"パエリャより素朴で味は上"。お金がかからなくておいしい。その上、時間もかからず、簡単にできる、海のない地方の料理です。新鮮な魚が手に入らないので、代りに鶏肉を使います。もし、うさぎの肉が手に入れば、最高においしい味が出ます。日本ではななか手に入らないので残念！

作り方はパエリャとほとんど一緒ですが、大きな違いはパエリャの贅沢な材料に比べ、鶏肉だけで作れるということです。今回はちょっと贅沢にして、きのこやベーコンを入れました。日本人はまさかと思うでしょうが、隠し味としてしょうゆを加えると味にこくが出ます。これも野外料理で、外のたき火で作ると煙の香りがついておいしいです。

スペインのビゴの家には外にかまどがあって、そこで作ります。火の係の男性が必ずいて、とてもまじめにやるので、彼の言うとおりにしないとけんかになります。でも、最後にみんな、ぶどう酒で仲直りします。かまどで燃やすのは、とうもろこしの芯を干したものでした。これはよく燃えるからです。パンはとうもろこしの粉で作っていたので、芯がたくさん出ました。今は高くなりましたが、40～50年前のとうもろこしは安かったよ。このパンは私の靴くらいの大きさで、直径が33cm、厚さは10cm以上、どんぶりを逆さにしたような形をしていました。とてもかたくて水を飲みながら食べました。後でおなかが膨らんで困ったよ。

スペイン人は遊び好きです。働くのは嫌い。夏は1か月の休みをとります。人がしばしば訪ねて来るので、そのたびに贅沢してはいられない。だから、庭でこの料理をよく作ります。

PLATO FUERTES IV
メインディッシュ

　1985年、C・W・ニコルさんと、奥さまの真理子さんとの間に生まれたアリシアちゃんは、長野県の野尻湖畔に立つ、育英高専の生徒のための合宿所内の聖堂で洗礼を受けました。その翌年には、その建物は聖堂とともに取り壊されて、1987年には新しい合宿所と聖堂が建てられました。その前年、私とニコルさんは夏の間、スペインに滞在していました。たまたま、池田宗弘さんもガリシアに来ていたので、3人はビゴの酒場で会いました。その折にニコルさんは池田さんにこう言いました。
「僕のために、新しい聖堂にキリスト像を作ってくれないか。君の仕事に値するだけのお金は支払えないけれど、君の仕事につかわれた時間を、僕が同じだけ働いて得られる収入と取り替えてほしい」
　ニコルさんの願いが聞き入れられて、ワインがまた1本あきました。
　1987年5月、野尻湖の新しい聖堂にはロマネスク様式の感動的なキリスト像が、ナザレのイエス様がかけられた十字架と同じ寸法の杉の十字架にかけられました。私はこの完成のミサの時、二人の目に光るものを見ました。
　その後、池田さんは野尻湖の聖堂に、マリア像、ヨハネ像、そしてキリストの道行きのレリーフを次々と作り続けているのです。
　私は750ccのオートバイを走らせて、よくこの野尻湖へ出かけました。背負ったバッグの中身は、白と赤のワイン、パン、そして聖書でした。ある夏の日のこと、野尻湖からおよそ4キロ離れた黒姫高原のペンション「ふふはり亭」の南さんを訪ねると、自家菜園でとれたばかりのトマトときゅうりが庭のテーブルの上にありました。これを見てすぐに料理は決まりました。〝ガスパチョ〟です。これは冷たいトマトのスープです。夏ばてしているときには、このスープはとても体にいいのです。火を使わないので、庭にミキサーを出して5分でできるガスパチョ。さわやかな夏の高原の風を受けながらの、ワインとパンの昼食は質素でありながら、なんと贅沢なのでしょう。偶然にもこの南さんの甥は私が教えていた育英高専の生徒でした。南さんは写真家で、ニコルさんの写真をたくさん撮っていて、また、料理が趣味という人ですから、私の料理作りの大いなる理解者でもあります。何かおいしい材料が手に入ると、私に電話がかかってきます。
　1999年11月のことでした。野尻湖畔に散歩に出かけようと、玄関を出たところで電話のベルが鳴りました。「ニック（ニコルさんの愛称）の豚を持ってきたのですが、どうしましょう」「OK、すぐに行きます」。ここで一言言い添えますが、ニコルさんが豚ではありません。ニコルさんは自分で〝赤鬼〟と言っているように、豚ではないのです。
　ニコルさんは春から豚を育てていました。11月になって大きくなった豚に、と場の食べて問題なしの青いスタンプがついて、その半身が届いたということです。ペンションの庭にある木製の大きなテーブルの上に堂々と横たわっている豚を、南さんと二人がかりで2時間かかってさばきました。

この豚の脚の部分はスペイン風の生ハムに、肉は煮込み料理やチョリソソーセージに、肝臓はパテにしました。私たちスペイン人は血から内臓までのすべてを使います。こうして冬の貯蔵品が調えば、もうすぐクリスマスです。

　クリスマスといえば、カトリックの国スペインでは、一年のうちで最も楽しい時期ですが、この日のために、女の人たちは普段はできない料理を何日もかけて作ります。自慢の料理を楽しそうにおしゃべりをしながら作っている台所へ男が入っていこうものなら、スリッパが飛んできます。このようにしてできた料理は、5時間もかけて食べました。

　野尻湖の聖堂でも、クリスマスイブのご生誕ミサに集まった多くの人々に、ミサのあと料理をふるまうのが私の楽しみでした。大切なミサの間、聖堂の中にまでも料理のいいにおいがして、何回かお鍋のことが気になりました。神様、ごめんなさい。

1987年5月、カトリック野尻湖教会の聖堂で、十字架のキリスト像完成を記念して。
最前列左から3人目が著者、中央はニコルさん、その右隣が像を作った池田さん。

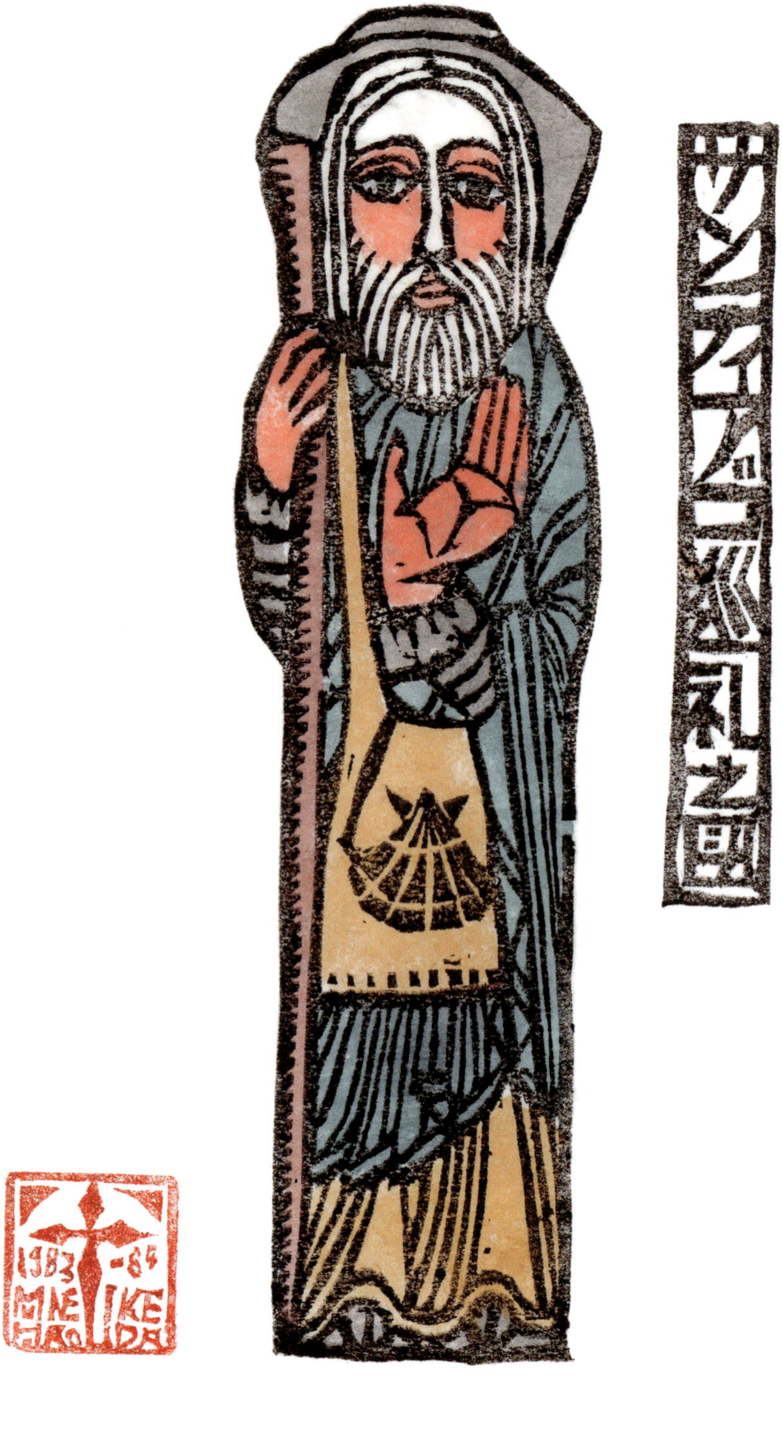
サンチャゴ巡礼之図
1983-85

POLLO CON PISTO AL COÑAC　鶏肉の詰め物・コニャック風味

GAZPACHO　ガスパチョ

JAMÓN SERRANO　スペイン風生ハム・家庭版

CHORIZO　チョリソ

CREMA DE GUISANTES
CON TROPIEZOS　揚げアスパラガスのグリーンピースソース

PATATAS RELLENAS　じゃがいもの肉詰め2種

EMPANADA　エンパナーダ（スペイン風パイ）

LANGOSTA EN SALPICÓN　伊勢えびの卵ソースあえ

A QUEIMADA　ケイマーダ（火吹き酒）

POLLO CON PISTO AL COÑAC
鶏肉の詰め物・コニャック風味

材料（6〜8人分）
鶏もも肉　　2〜3枚（約700g）
合いびき肉　　400g
オリーブの実　　10粒
松の実　　50g
レーズン　　50g
卵　　1個
パン粉　　1カップ
ラード　　大さじ1〜2
ブランデー（またはウィスキー）　¼〜½カップ
ベーコン（薄切り）　　6〜8枚
ローリエ　　3枚
じゃがいも　　4〜8個
オリーブオイル　　少々
片栗粉　　適宜
パセリのみじん切り　　適宜
塩、こしょう　　各適宜

調理時間　　1時間30分

① 鶏肉は皮を除き、厚みが均等になるように包丁を入れて広げ、塩、こしょうする。
② ボウルにひき肉、オリーブの実（種があれば抜き、粗く刻む）、松の実、レーズン、とき卵、パン粉、ラード、ブランデーを加えてよく混ぜ合わせ、塩、こしょうする。
③ 巻きすの上に、アルミホイルを40〜50cmの大きさに広げる。ベーコンを斜めに少しずつ重ねながら、巻きすの幅に並べる。その上に①の鶏肉を、皮のついていたほうを下にして平均に広げる。②をまとめて、ハンバーグの要領で空気を抜き、鶏肉の手前から⅔のところまで広げる。巻きすを使って巻きずしのようにきっちりと巻き、巻きすをはずす。
④ ベーコンの面にローリエをちぎって散らしながら、アルミホイルできつく巻く。汁が出ないように、両脇をしっかりねじる。
⑤ ④を天板にのせ、200℃のオーブンで約1時間焼く。
⑥ じゃがいもは皮をむき、オリーブオイルをぬって塩をふる。鶏肉と同時に焼き上がるように、タイミングを見計らってオーブンに入れる。
⑦ 肉の中まで火が通ったら（竹串を刺して澄んだ汁が出るのが目安）アルミホイルの上部をあけて、ベーコンにきれいな焦げ目をつける。
⑧ 天板にたまった肉汁を小鍋に移して火にかけ、味を調えて、水溶き片栗粉でゆるくとろみをつける。
⑨ 適当な大きさに切った鶏肉を大皿にのせ、回りにじゃがいもを飾って⑧のソースをかけ、パセリを散らす。

パーティーなどでたくさんのお客さまが集まるときに最適の、豪華に見える料理です。そして、安くできます。いいじゃないですか！

　鶏肉500ｇで４人分が最小のサイズですので、お客さまの人数によって加減してください。

　この料理はブランデーを使いますので、お酒に特別弱い方は、料理するとき気をつけてください。アルミホイルをはずすときのブランデーの香りで、めろめろに酔ってしまった人もいました。またある時、この料理をシスターが作り、たいへんおいしかったので、院長が食べすぎてしまい、酔っ払ってしまったこともありました。

　〝気持ちよくなってよかった！〟という程度の気持ちで、楽しみながら料理してください。添え物はじゃがいものほかにきのこ、ブロッコリー、カリフラワーなどで工夫してみてください。

GAZPACHO
ガスパチョ

材料（4人分）
完熟トマト　中2個
赤ピーマン　大1個
きゅうり　1本
玉ねぎ　小½個
にんにく　1かけ
フランスパン　5cm
白ワインビネガー　¼カップ
冷水　½カップ
オリーブオイル　¼カップ
塩　少々

調理時間　10分

① 野菜はすべて大きく乱切りにし、種は除く。フランスパンはちぎっておく。
② ①とにんにく、ワインビネガー、冷水をミキサーにかけ、よく混ざり合ったらオリーブオイルを少しずつ加え、塩で味つけをする。好みでパプリカを加えてもいい。
③ ②を冷蔵庫で冷やす。すぐに飲みたいときは、ミキサーを回すときに氷を5〜6個入れる。お客さまのときには、赤ピーマンやクルトンを浮かべるといい。

夏　野菜で作る冷たいスープです。食欲がない暑い時季に最適のスープです。子供が水ばかり飲むのはよくありません。大人も何も食べないでお酒だけ飲むのは、アル中になるか、体が弱るだけですから、ぜひこのスープを飲んでください。オリーブオイルが入っていますが、油を感じさせないすっきりとした味わいで意外と飲みやすく、その上、体にエネルギーがわき上がってくるはずです。トマトは太陽をいっぱい浴びて、よく熟したものを使います。

　熱を加えないし、簡単にできますから、庭にミキサーを持ち出して作ってみてください。暑い夏の日ざしの中で、このおいしいスープにパンとワインがあれば、夏ばてしません。

　ガリシアの夏は、午後10時頃まで明るいので一日に5回食事をするスペイン人にとって、夕食は10時過ぎです。それから子供たちは友達の家に遊びにいくのです。帰りにバルで飲んでいるパパとママのところに寄って一緒に家に戻ります。夏休みの間の3ヶ月は遊んでばかりだったよ。

La cesta (かご)

JAMÓN SERRANO
スペイン風生ハム

材料

豚の後ろ脚（または前脚）　　1本
天然塩（または粗塩）　　適宜

調理時間　　数か月

① 豚の脚は、表の脂の部分を、1cmだけ残してきれいに取り除く。
② 豚がすっぽり入る大きさの木箱（ふたは不要）を用意する。箱の底に塩を5cmほど敷いて豚をのせ、塩を肉にすり込みながら、すき間なく完全に塩でおおう。塩の量は、後ろ脚でおよそ30kgほど使う。
③ 漬け込んだ後、箱を少し斜めに傾け、出てくる水分を除く。
④ 5〜6日ごとに肉をひっくり返し、そのたびにすき間なく塩でおおい、20〜30日ほど漬け込む。
⑤ 豚肉を塩から取り出して、流水で半日以上、塩出しをする。
⑥ 風通しのいい涼しい場所で、1か月ほど乾燥させる。

スペイン風生ハム・家庭版

材料

豚もも肉（かたまり）　　適宜
天然塩　　適宜
パプリカ　　適宜
おろしにんにく　　パプリカと同量
酢　　適宜

調理時間　　3日と1週間

① 豚肉がすっぽり入る大きさの木箱を用意する（ふたは不要）。ここに豚肉を入れ、塩をたっぷりとまぶして冷蔵庫で漬け込む。豚肉1kgに対して1日の計算だが、どんなに小さくても最低2日は漬け込むこと。
② 塩から上げ、細く水を流しながら1時間ほど塩抜きをする。
③ おろしにんにくとパプリカをすり鉢でよく混ぜ合わせ、酢でのばして、やわらかめのペーストを作る。
④ ②の肉をペーパータオルでよく水気をふき取り、表面に③のペーストをまんべんなく、ぬり残しのないようにぬる。これを風通しのいいところにぶら下げ、1週間ほど乾燥させる。
⑤ 食べるときに、表面のペーストはナイフで落とす。

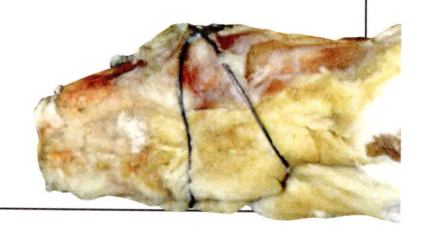

セラーノ（serrano）は、山という意味です。スペインでは、豚は山で放し飼いにされていて、栗やどんぐりを食べて育つので、脂が少ないのです。

　この生ハム作りには湿気と高い気温が大敵なので、乾燥した冬が適しています。その点、黒姫は低い湿気と適度な寒さがあるし、冬の期間が長いので、最適な場所といえます。11月から12月に作り、3月ごろに食べるのが、いちばんおいしいと思います。ハムは薄く切り、パンにはさんだり、そのままオードブルとして召し上がってください。イタリアでは薄く薄くスライスしますが、スペインではイタリアよりずっと厚く切ります。取り去った脂は鍋でとかし、冷ましてラードを作ります。また、使った塩はスープや煮込み料理などに使うと、ひと味違いますよ。ハムを食べ終わったら、骨が残ります。もちろん捨てないで、スープにしてください。豚の脚が手に入らない人のために、家庭でも簡単に作れるハムも紹介しました。

＊日本では冬に作ることをおすすめします。にんにくとパプリカのペーストをぬることによって、はえなどが寄ってきません。しかし、なま物ですからなるべく早く食べるように。心配な方は、焼いたり、煮たり、加熱してください。
使う塩はできるだけ自然に近いものを使ってください。
精製塩では塩気が強すぎます。塩の量と味とは
関係ないので、たっぷり使ってください。
うまみのあるハムがあなた
にもできるはずです。

CHORIZO
チョリソ

材料
豚バラ肉（かたまり）　　1kg
牛バラ肉（かたまり）　　300g
にんにく　　5かけ
パプリカ（辛いもの）　　½カップ
パプリカ（甘いもの）　　小さじ2
ナツメグ、塩、こしょう　　各適宜
豚の小腸　　1袋

① 豚肉、牛肉は1cm角に刻む。にんにくはみじん切りにする。
② ボウルに①を入れ、2種のパプリカ、ナツメグ、塩、こしょうを加えて、よく混ぜる。1〜2日冷蔵庫でねかせて、味をなじませる。
③ ②を絞出し袋に入れて豚の小腸に詰める。空気が入らないように気をつけること。たこ糸で6〜10cmごとに縛る。面倒でも、前後2か所ずつ縛っておく（写真を参照）。
④ ③を乾燥した涼しいところにつるし、身が締まってくるまで下げておく。

チョリソはそのまま食べるというよりも、日本のかつお節のように、スープや煮込み料理のだしをとるために使うものです。また、焼いて食べることもありますが、スペインでは専用のcerdito de barroという素焼きのものを使います。信じられない、おいしさです。
　脂分を控えたい場合は、肉はもも肉や肩ロースなどを使ってください。豚肉100％でもいいのですが、牛肉を30％加えたほうが、脂っこくないので食べやすいと思います。
　パプリカには甘いものと辛いものがあるので、9対1の比率で味つけします。辛いパプリカが手に入らなければ、カイエンペッパーか一味とうがらしで代用します。
　11月の初めに〝聖マルティーノの日〟という祝日があります。スペインではこのころになると、飼っていた豚を殺して、冬の準備をします。「どんな豚でも聖マルティーノの日がくる」。豚は何もせずただえさを食べるだけですが、最後には殺されて食べられてしまう、つまり怠け者は必ず罰を受ける、という意味です。皆さんは大丈夫でしょうね。

CREMA DE GUISANTES CON TROPIEZOS
揚げアスパラガスのグリーンピースソース

材料（4人分）
さや入りグリーンピース　　　500ｇ
　（缶詰または冷凍なら250ｇ）
ホワイトアスパラガス（缶詰、または瓶詰）　　6本
じゃがいも　　大2個
オリーブオイル　　大さじ1
塩　　少々
衣
　小麦粉　　大さじ3
　卵　　½個
　水　　適宜
揚げ油

調理時間　　30分

① グリーンピースはさやから出す。じゃがいもは皮をむき、乱切りにする。
② 鍋にグリーンピース、じゃがいもを入れ、ひたひたの水、オリーブオイル、塩を加え、ふたをしてやわらかくなるまでゆでる。
③ ②をゆで汁ごとミキサーにかけ、裏ごしする。
④ ホワイトアスパラガスは3等分に切り、てんぷらより少し濃いめの衣をつけ、油で揚げる。
⑤ ③のソースを温めてポタージュ程度のとろみ加減にし、味も調え、深めの器に注ぐ。④の揚げアスパラガスを散らす。ソースたっぷりだから、パンなどにつけてどうぞ。

グリーンピースの緑とアスパラガスの白とが鮮やかな、春を演出した一品です。春の料理なので、じゃがいもは新じゃがを使います。ホワイトアスパラガスがなければ、グリーンアスパラガスでもいいです。缶詰や瓶詰のホワイトアスパラガスは、やわらかいので、揚げすぎないように注意してください。生のホワイトアスパラガスやグリーンアスパラガスを使う場合は、揚げる前にさっとゆでます。いずれにしても、アスパラガスはなるべく太いものがおいしい。

　この料理は、口に入れると何かがぶつかる、これは何だろう、と想像させる料理です。私が子供のころは、アスパラガスというと、スペインの麦畑のそばに自生しているのをとりました。細くて見つけるのが大変なので、値段はとても高いものでした。今のように、大量に栽培してはいませんでした。日本では、アスパラガスというとゆでるか、サラダに使うくらいしか考えつかないでしょうが、このように揚げると、考えられないおいしさになります。一度作るとまた作りたくなること請け合いです。

　¡ Vete a freir espárragos !

　直訳すると、「アスパラガスを揚げにいきなさい！」ですが、友達の間で言うときは、〝出て行け〟〝うるさい〟〝やめろ〟などの意味で使います。おまえの言うことは聞かないぞ、ということです。でも、敵に向かってこの言葉を使うと鉄砲で撃たれますので、用心してください。

PATATAS RELLENAS
じゃがいもの肉詰め2種

A　肉詰め

材料（4人分）
じゃがいも　　大2個
牛バラ肉（または豚バラ肉）　　80g
玉ねぎ　　¼個
パプリカ　　小さじ2
ナツメグ　　少々
おろしにんにく　　小さじ1
塩、こしょう、バター　　各適宜

調理時間　　60分

① 肉は粗みじんに切り、玉ねぎはみじん切りにしてボウルに入れ、パプリカ、ナツメグ、にんにく、塩、こしょうを合わせ、よく混ぜる。
② じゃがいもはよく洗い、皮つきのまま縦半分に切る。縁を5mmほど残して、スプーンなどでくりぬく。
③ くりぬいた穴に①を詰め、二つを合わせて元の形に戻し、たこ糸で縛る。これをアルミホイルで包み、250℃のオーブンで、じゃがいもが充分やわらかくなるまで火を通す。
④ アルミホイルと糸をはずし、切り口にナイフを入れて半分に切り、皿に盛ってバターをのせる。

B　ソーセージ詰め

材料（4人分）
じゃがいも　　大2個
ソーセージ　　80g
玉ねぎ　　¼個
パセリのみじん切り　　大さじ2
パン粉　　10g
卵　　½個
塩、こしょう　　各少々

調理時間　　50分

① ソーセージは粗みじん切りに、玉ねぎはみじん切りにし、パセリ、パン粉、とき卵、塩、こしょうを加えて、よく混ぜる。
② あとは、肉詰めの手順②～④と同様にする。バターはなくていい。

この料理は普通、メイン料理のあとで食べますが、前菜でもいいでしょう。ただおやつとしては食べません。私たちのおやつは甘いもの、例えばチョコレートです。

　妹の家のメイドの得意料理で、時間をかけてたくさん作っていたのを覚えています。料理名のrellenasは「詰め物をする」という意味です。なるべく大きなじゃがいもを使います。くりぬいた分は、ゆでてほかの料理に使ってください。

　じゃがいもの代りに、大きいピーマンに詰めてもいいです。また大きいマッシュルームが手に入ったらそれを器にして、ベーコンとにんにくのみじん切りを詰めて、オリーブオイルを流し込み、フライパンにふたをして焼きます。焼きあがったら、パセリのみじん切りをたっぷりふってください。美味しくてかわいいおつまみです。マドリッドに有名な店があります。

EMPANADA
エンパナーダ（スペイン風パイ）

材料（25×35cmの大きさ1個分）
エンパナーダの皮（p.20「いわしのエンパナディージャ」
　参照）
豚もも肉（かたまり）　600g
玉ねぎ　2個
ピーマン　4個
オリーブオイル　適宜
塩、こしょう　各適宜
パプリカ　大さじ1～2

調理時間　1時間20分

① 豚肉は5mm幅の薄切りにする。玉ねぎは薄切り、ピーマンは種を取って細切りにする。
② フライパンに少量のオリーブオイルを熱し、豚肉を両面炒めて、塩、こしょう、パプリカをふる。火が通ったらバットに取り出し、オイルを足して玉ねぎとピーマンを炒め、塩、こしょう、パプリカをふり、バットにあけて冷ます。
③ エンパナーダの皮の半分強を、25×35cmより周囲1～2cm大きめにのばす（折返し分になる）。この上に汁気をしっかりきった②の玉ねぎとピーマンを平均に広げ、豚肉を広げてのせる。
④ 皮の残り半分をのばし、25×35cmに切って③の上にかぶせる。下の皮の縁を折って上の皮に重ね合わせ、フォークの先できれいに閉じる。皮の残りで表面を自由に飾り、フォークの先で数か所に、空気穴をあける。
⑤ 200℃のオーブンで35～40分、色よく焼き上げる。

Empanada は"パンに入れたもの"という意味で、"empanada～"の～に肉や魚の種類が入ります。例えば、塩だらなら、empanada de bacalao となります。

　私は、この塩だらで作るのがいちばん好きですが、日本のたらは身が薄いので、この料理には向きません。私は妹が時々スペインから送ってくる塩だらを使いますが、ここではいつでも手に入る豚肉のエンパナーダを紹介しました。スペインでは、豚のもも肉はハムとして使われてしまうので、バラ肉などを入れます。豚バラ肉では脂が多いと思えば、もも肉やロースで作ってください。このほか、牛肉、鶏肉、魚、貝などでぜひ試してください。

　皮は、ドライイーストを使ったほうがふっくらとしておいしいのですが、使わなくてもできます。使わない場合は、3～4時間暖かいところでねかせます。

　焼く前に、エンパナーダの表面に卵の黄身をぬると、きれいに仕上がります。

　パーティーなどで出せば、雰囲気が一段と盛り上がります。エンパナーダの上に、残った皮で「お誕生日おめでとう」とか「メリークリスマス」などとかき込むのを、お子さんたちと一緒に楽しんでください。

　南さんの大晦日のパーティーでは、行く年の分を肉のエンパナーダ、来る年の分はたらのエンパナーダを作り、それぞれの上に1999年、2000年とかいてありました。

　記念日など忙しい日には、前日に作ります。むしろ、そのほうが味がなじんでおいしくなります。

LANGOSTA EN SALPICÓN
伊勢えびの卵ソースあえ

材料（4人分）
伊勢えび　　1尾
じゃがいも　　1個
ゆで卵　　3個
赤ピーマン　　1個
玉ねぎ　　½個
パセリのみじん切り　　大さじ1
酢、オリーブオイル　　各少々
塩　　適宜
ローリエ　　1枚
レタス　　適宜
レモン　　1個

調理時間　　30分

① 卵ソース（サルピコンソース）を作る。じゃがいもは皮をむいて小さめのさいころに切り、やわらかくゆでる。ゆで卵、赤ピーマン、玉ねぎは粗みじん切りにする。これらと、パセリ、酢、オリーブオイル、塩少々を混ぜ合わせ、味を調えておく。
② 大きめの鍋にたっぷりの水を入れ、海水程度に塩を加え、ローリエを入れる。沸騰したら、えびを丸まらないように入れてゆでる。
③ ゆですぎない程度で湯から上げ、殻ごと縦半分に切る。えびの中身を取り出し、冷めたら粗めに刻み、①のソースと混ぜ合わせる。
④ ③をえびの殻にたっぷりと詰めて、レタスを敷いた皿に盛る。くし形に切ったレモンを添える。

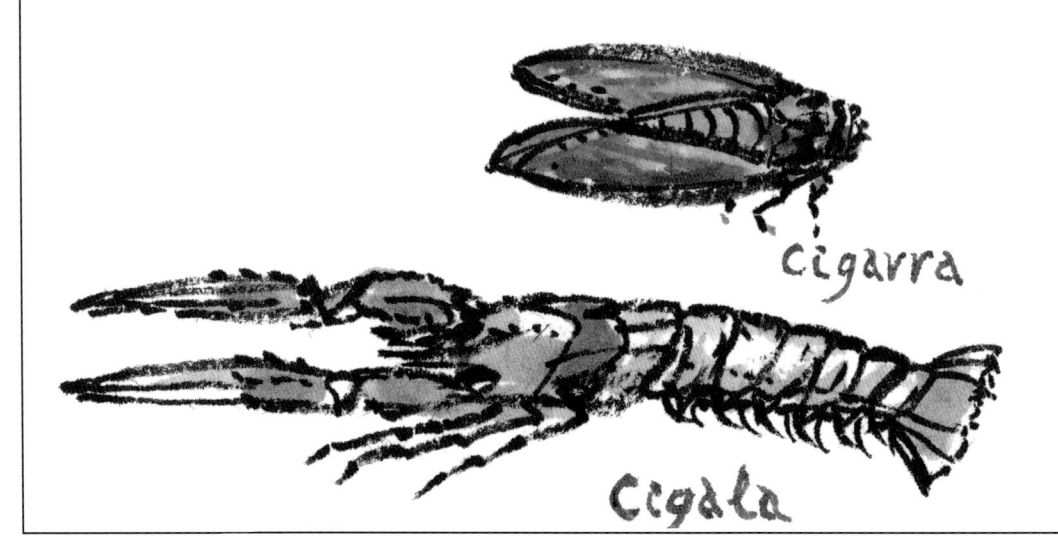

cigarra

cigala

サルピコンソースはゆで卵のソースで、たらばがにや帆立貝、ムール貝にも、同じように使えます。

　サルピコンとは、水たまりなどに足を突っ込んだときに水や泥などを飛び散らす、はねかけるという動詞のsalpicar からきています。ですから、殻から飛び散るほどソースをたっぷり詰めてかまいません。伊勢えびだけでは中身が足りない場合は、白身魚を加えたり、じゃがいもの量を増やします。

　クリスマスなどのパーティーには、ちょっと贅沢に、大きなえびを使えばとっても豪華になります。

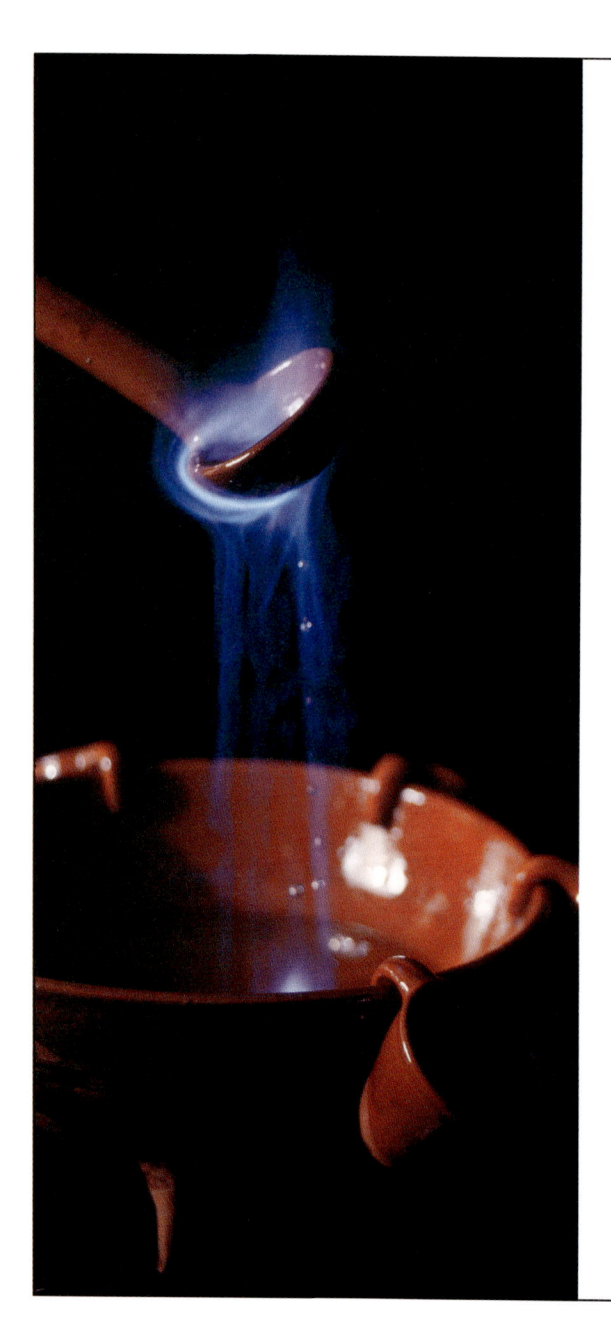

A QUEIMADA
ケイマーダ（火吹き酒）

材料（8〜10人分）
蒸留酒（アルコール度数40度以上のもの）　　1ℓ
グラニュー糖　　適量
レモンの皮　　½個分
コーヒー豆　　8〜10粒

調理時間　　5〜10分

① 少し深めの鍋の真ん中にグラニュー糖½カップを山に盛り、その回りから静かに酒を注ぎ、レモンの皮を加える。
② 柄の長いしゃくしで鍋の酒をすくい、そこに別のグラニュー糖を大さじ1ほど加え、しゃくしの酒に火をつける（火を近づけて、酒が温まってくると火がつく）。
③ しゃくしの酒を少しずつ鍋に落として、火を鍋に移す。しゃくしがからになったら、また鍋から静かにすくって落とす。すくっては落とすを繰り返していると、酒は火の力で温まり、火も全体に広がってくる。しゃくしのグラニュー糖が燃えてカラメル状になったら、各自がコーヒー豆を1粒ずつ投げ入れる。
④ みんなで一気に吹いて火を消す。しゃくしでかき混ぜて砂糖の鍋を溶かし、カップに注いで飲む。

火吹き酒と聞くと、恐ろしいように思うでしょうが、火事にならなければ恐ろしくない。むしろ美しいお酒です。スペイン人はぶどう酒を作ったあとのぶどうのしぼりかすで蒸留酒を作ります。これがアルコール度数40度以上のaguardiente（アグアルディエンテ）なのです。"燃える水"という意味で、イタリアならグラッパ、日本ならば焼酎、泡盛、それぞれの国のブランデー。いずれにしても、アルコール度数40度以上のものであれば使えます。

　ケイマーダ用の器は陶器でできていて、鍋、デミタスカップ、しゃくしをセットにして売っています。もともと発祥はガリシアですが、今ではスペイン各地に広まり、観光客はお土産屋などでも目にすることができます。鍋に脚が3本ついているのは、下が熱くならないためです。皆さんが土鍋で代用する場合は、鍋敷きを使ってください。しゃくしも鍋つかみで持ってください。初めは大丈夫でも、すぐに熱くなってきます。

　ケイマーダは食後、コーヒー、ブランデーなどを飲んでいるときに、「ケイマーダをやろう」「やろう」と声がかかるので、始めます。みんなで楽しむ飲み物ですから、人数が多いほど楽しめます。火がついたら、部屋のあかりはすべて消します。そして、コンフーロ（conjuro）という悪魔や魔法使いを追い出す呪文を唱えます。暗い中、神秘的な炎の中で唱える呪文は、効き目があると思いませんか。これが終わると、みんなが1粒ずつコーヒー豆をほうり込み、一緒に息を吹きかけて火を消します。これをやるときは、くれぐれも火事ややけどに気をつけてください。

　風邪のシーズンの始まる前にこれを飲むと、確実に風邪をひきません。

PLATO FUERTES V
メインディッシュ

　何年かに1回、修道会から与えられる3か月の休暇の折には、スペインに帰り、毎日知合いや家族のごちそうのもてなしを受け、また日本において友人が来れば、あり合せの材料で食事やおつまみを作ります。

　しかも、1991年ごろから5年ほど、主任司祭と幼稚園の園長を兼ねていた足立区の教会では、お母さんたちのための料理教室を開いていました。この作っては食べ、食べては作りの生活を続けた結果、糖尿病になりました。120キロあった体重は40キロ減って、ズボンが耳まで上がるほどぶかぶかになりました。大分の病院に入院して治療していたときは、〝言うことをきちんと守る人〟と看護婦さんに褒められたほど、模範的な患者でした。それでも、ごちそうが夢に出てきて困りました。糖尿病は皆さんご存じのとおり、食べすぎることも、お酒を飲むことも、あまりよくありません。当然いただくお見舞い品にも食料品はありませんでしたが、ある人から届いたお見舞いが1500ccのオートバイだったので、病院のみんながびっくりしました。

　退院した私は、その後1997年から3年ほど、大好きな野尻湖で過ごすことができました。近くには、古き友人たちがいます。日曜日のミサのあとは、信者以外の人までもが、管理棟の狭いダイニングキッチンに集まり、私の料理を楽しんでくれました。そのために大きな冷蔵庫とアメリカ製のガスオーブンを入れました。

　1998年8月29日、黒姫高原の南さんが私の69歳の誕生日パーティーを開いてくれたときのことです。近くの友人など12人を招待したはずが、玄関の靴の数を数えると43足あったとのことで、大笑いとなりました。東京の友人までもが、わざわざ駆けつけてくれたのです。この日のメニューは、このように豪華なものでした。

　こじゅけいのマリネ、自家製ハムのマリネ、まぐろのオイル漬け、じゃがいものオムレツ、とうもろこしのオムレツ、明太子のサラダ、たらのエンパナーダ、いわしのエンパナディージャ、こじゅけいの煮込み、鶏肉の詰め物・コニャック風味、米のミルク煮、火吹き酒、ケーキ、赤・白ワイン、シェリー酒、ビール、シャンパン、この夜だけは病気のことを忘れて、おなかいっぱい食べて飲みました。

　さて、パーティーの後、残り物が出たとき、皆さんはどうしますか。そんなときは、残り物で作るコロッケをおすすめします。その作り方をご紹介しましょう。

　まず、材料の水気をよくきります。そして、肉や魚は小さくほぐして、骨があればきれいに取り除き、野菜などは小さく刻みます。これに玉ねぎのみじん切り、とき卵を加え、味をみて塩、こしょうをします。全体量が足りないときやまとまりにくい場合は、残りご飯やゆでたじゃがいものマッシュを加えます。これをピンポン玉くらいの大きさの丸か、5〜7cmの棒状にまとめ、小麦粉、とき卵、パン粉の順につけて揚げます。夕食の一品やおつまみ、おやつに、どうぞ試してみてください。

楽しく過ごした野尻湖での生活でした。
　2000年４月から三重県四日市市に移りました。かの有名な伊勢えびの産地、志摩半島もそう遠くないし、松阪牛も足をのばせば行ける。桑名のはまぐりや大あさりもお隣。いえいえ、このような贅沢な材料ではなく、誰にでも買える材料で料理を作らなければいけません。そして今は九州に戻り、杵築の教会にいます。懐しい信者さんや新しい友人を私の食卓にぜひお誘いしたいと思っています。

サンティアゴ巡礼路の昔の旅芸人（サルガデロスの置物）
左の人物はサンフォナという楽器、右の人物は仮面を持つ

聖母の被昇天

CALDO GALLEGO　ガリシア風ちゃんこ鍋

PAN CON AJO　ガーリックトースト

PAN CON HUEVOS
Y CHORIZO　卵とソーセージのトーストパン

SETAS CON HUEVOS　きのこの卵とじ

MENTAIKO CON PATATAS
A LA VINAGRETA　フラガ神父風、明太子のポテトサラダ

ENSALADA DE LECHUGA　レタスのサラダ

REVUELTO DE ESPINACAS
CON GAMBAS　ほうれん草のめちゃくちゃ

PLÁTANOS RELLENOS　焼きバナナの詰め物

CALDO GALLEGO
ガリシア風ちゃんこ鍋

材料（4人分）
豚もも肉（かたまり）　約300g
ベーコン（かたまり）　200g
じゃがいも　4〜5個
白いんげん豆（乾物）　200g
玉ねぎ　2個
クローブ　2個
小かぶ　4個
ねぎ　2本
キャベツ　½個
青菜（菜ばな、小松菜など）　1束
塩、こしょう　各少々
ナツメグ、オレガノ　各少々

調理時間　60分

① じゃがいもは皮をむく。白いんげん豆は、乾物なら前日から水でもどす。水煮缶なら汁ごと使うので、そのままでいい。玉ねぎは、クローブを刺しておく。かぶは実と葉を分け、葉はざく切りにする。ねぎは、7〜8cmの長さに切る。青菜はざくざくと切る。
② 大きな鍋に豚もも肉、ベーコンをかたまりのまま入れ、①の材料全部とキャベツをそのまま加え、ひたひたに水を注ぐ。塩、こしょう、ナツメグ、オレガノを加えて、すべての材料がやわらかくなるまで、約50分煮込む。圧力鍋を使う場合は、蒸気が上がってから15〜20分煮込む。

ガリシアの伝統的なスープ料理です。ガリシアではもっとシンプルで、基本的な材料は白いんげん豆、じゃがいも、青菜（またはキャベツやかぶ）、豚肉だけです。今回は私流にたくさんの野菜を加えました。このことによって、盛りつけの皿を別にすれば、スープ、肉料理、野菜の煮物の３品が一度にできるのです。

　ちゃんこはスペイン語の〝チャンポナーダ〟（何か、めちゃくちゃなこと）から出た言葉で、〝何ができるかわからない〟ことを言います。大航海時代に船の中で、ぶら下がった鍋に毎日具が加えられて、次々と違う内容の鍋になったことから生まれました。航海中は保存のできる野菜や豆とか、飼っていた鶏を入れたようです。私はこのちゃんこを作るために、一抱えもある大きな圧力鍋を使います。材料はほとんど切らずに、キャベツも時には切らないでそのまま入れてしまいます。夏に野尻でとれる丸なすや太いモロッコいんげんもそのまま煮込みます。圧力鍋を使うことによって、肉は驚くほど早い時間でやわらかくなり野菜は形くずれしなくてすみます。

　スペインの家庭では、食卓につくと、肉をとり分けるのはお父さんの役目で、まずお母さんのお皿に大きな切り身、次に子供たちに分けます。どの家庭でも子供が多かったので、切り身が小さくなります。最後になったお父さんのとり分は、もっと小さくなります。そこで、お母さんは自分の分を切り分けて、お父さんに回します。子供たちは少なくて不満でしたが、納得します。教育上とてもよいことです。

　じゃがいもや豆はフォークでつぶしてスープを含ませると、よりおいしく味わうことができます。もし残ったら74ページに紹介したコロッケをつくると良いでしょう。必ず水気をよく切ってください。そして残りの汁はこしてスープにしましょう。

PAN CON AJO
ガーリックトースト

材料
フランスパン　　30cmぐらいのもの1本
にんにく　　3かけ
パセリのみじん切り　　大さじ2
バター　　50g

調理時間　　15分

① バターは室温でやわらかくもどす。すりおろしたにんにく、パセリのみじん切りとよく混ぜ合わせてペースト状にする。
② フランスパンは、切り離さないようにして1cm間隔で切れ目を入れる。
③ ①のペーストを、パンの切れ目の両面にぬり込む。
④ 160～180℃のオーブンで焦がさないように、中まで温まる程度に焼く。

パンは切り離さず、そのまま食卓に出し、それぞれがちぎって食べてください。
　バターペーストは、できればすり鉢でじっくりとペーストにしてください。ペーストをぬるときは、家庭用なら指でぬってください。うまくぬれるし、最後におこぼれも味わえます。
　大分の友人のレストランでこれを出したら、大好評でしたよ！　そのレストランでは、このガーリックトーストが定番メニューになりました。
　お客さまがたくさん集まるパーティーに最適の一品です。

PAN CON HUEVOS Y CHORIZO
卵とソーセージのトーストパン

材料（1人分）
食パン（8枚切り）　2枚
卵　1個
チョリソ（またはウィンナーソーセージ）　1本
ベーコン（薄切り）　1枚
にんにく　1かけ
オリーブオイル　適宜

調理時間　20分

① チョリソ、ベーコン、にんにくは粗みじんに切る。
② 1枚のパンの真ん中を直径5〜6cmに丸くくりぬく。
③ フライパンにオリーブオイルを熱し、2枚のパンを軽く両面焼く。
④ 天板に穴のないほうのパンを置き、穴のあいたパンを重ね、穴の中に卵を静かに割り落とす。黄身の回りに①を散らし、200℃のオーブンで半熟の目玉焼き程度になるまで焼く。

　ス　ペインでは昼食が一日の食事のメインですから、これは夕食時にかるく食べます。日本人の場合なら、お昼のそば、ラーメン、スパゲティの代りに最適でしょう。
　パンにあける穴ですが、チョリソ、ベーコンが好きな人は穴を大きくあけて具を増やすなど調節します。野菜の好きな人は玉ねぎを加えます。
　黄身のかたさも好みで焼きぐあいを調節してください。
　パンの耳は落としません。これは貧乏人の食べ物ですから。

SETAS CON HUEVOS
きのこの卵とじ

材料（4人分）
生しいたけ、しめじ、まいたけなどのきのこ類
　　合わせて3パック
卵　　2個
玉ねぎ　½個
じゃがいも　1個
ベーコン（またはハム）　3枚
オリーブオイル　　大さじ2
白ワイン　　1カップ
塩、こしょう　　少々

調理時間　　15分

① 玉ねぎはみじん切りに、じゃがいもは皮をむいて5mm角のさいころに切る。ベーコンは2～3mm幅に切り、きのこ類は食べやすい大きさに分けるか切る。
② 土鍋や耐熱ガラスなどの鍋を火にかけ、オリーブオイルを熱して、玉ねぎを炒める。透明になったらじゃがいもとベーコンを加えて炒める。きのこ、白ワインを加え、じゃがいもがやわらかくなるまで煮て、塩、こしょうで味を調える。
③ とき卵を回し入れてとじる。半熟程度で火を止め、そのまま食卓に出す。

パエリャなどのメイン料理を食べる前に、おなかを慣らす一品です。ワインだけを飲むよりも、これをつまみながら飲んでください。

　ガリシアは雨が多いので野生のきのこが多く、春や秋にはとりに行きます。なじみのバルでは、クラブ、たとえばお医者さんのクラブのように、同じ仕事で、興味のある人が集まってきのことりに出かけます。きのこがとれると、「とってきたよ！」とバルに持っていって、きのこの卵とじを作ってもらいます。そして、自分たちだけで食べないで、「いかがですか？」と店の客に声をかけてふるまうのです。このように、保存はしないですぐに食べてしまいます。

　この料理はワインの香りがとても強いので、子供たちやワインが苦手な人は、ワインを半分の量にして、代りに水を加えてもいいです。

　野尻湖の教会の裏では、秋になるとたくさんのきのこがとれます。でも、いつも同じ場所でとれる同じきのこ以外は食べません。

MENTAIKO CON PATATAS A LA VINAGRETA
フラガ神父風、明太子のポテトサラダ

材料（4人分）
じゃがいも　2個
玉ねぎ　½個
ピーマン　1個
固ゆで卵　3個
からし明太子　100〜150g
エジプト豆、または白いんげん豆の水煮　200g
オリーブオイル　¼カップ
酢　大さじ1〜2
マヨネーズ　大さじ1
塩　少々
調理時間　20分

① じゃがいもは1cm角に切り、水からゆでる。玉ねぎ、ピーマンはみじん切り、ゆで卵は1cm角に切る。明太子は薄皮を除く。水煮の豆は汁気を切る。
② ①の全部をよく混ぜ合わせ、オリーブオイル、塩、酢、マヨネーズを加えて、さらによく混ぜ合わせる。

　この料理は私のオリジナルです。明太子を九州で初めて食べたとき、とても辛くて、真っ赤なのでびっくりしました。あまりに辛いので、火を通さなければならないのかと思ったくらいです。でも、今ではこの辛みが大好きで、いろいろな料理に使っています。からし明太子は油を加えると辛さがなくなるので、たっぷりと使ってください。この料理の主役はからし明太子ですから。

　ある友達はからし明太子が大好きでしたから、この料理を教えてあげました。ところが、「明太子は高いのに、この料理を知ってから食べる量がとても多くなった」と奥さまからしかられました。

　からし明太子がなければ、たらこでもいいです。ピーマンは色と味を和らげますから、必ず入れてください。

ENSALADA DE LECHUGA
レタスのサラダ

材料（4〜8人分）
レタス　1個
トマト　1個
きゅうり　1本
にんにく　2かけ
オリーブオイル　½カップ
塩　少々

調理時間　10分

① レタスは丸のまま、切り離さないように芯の部分を残して、人数分に縦に割る。流水につけてぱりっとさせる。
② トマトはくし形に切り、きゅうりは乱切り、にんにくは粗みじんに切る。
③ 熱に耐えるサラダ鉢に、水気をよくきったレタスを花のように広げて盛る。レタスの間にトマトときゅうりを飾りつける。
④ 小さなフライパンにオリーブオイルとにんにくを入れて火にかける。にんにくがきつね色になったら、レタスの上からジュッと回しかける。最後に塩を高いところからふりかける。

　これは、姉のメルチェの得意料理でした。姉の料理はおしゃれなものが多く、このサラダもダイナミックですが、飾り方によってとても美しく見えます。時間のかからない料理ですので、すべてを準備しておいて、食べる寸前にオリーブオイルと塩をかけてください。熱いオリーブオイルをサラダにかけたままにしておくと、レタスが黒くなってぱさぱさになりますから。塩は自然の粗い塩を使ってください。レタスの代りにチコリでも作ります。気をつけなければいけないことは、熱いオリーブオイルを直接かけるので、割れると困る器は使わないことです。

REVUELTO DE ESPINACAS CON GAMBAS
ほうれん草のめちゃくちゃ

材料（4人分）
ほうれん草　2束
えび（冷凍ものでいい）　150g
卵　3個
にんにく　2かけ
オリーブオイル　大さじ3
塩、こしょう　各少々

調理時間　10分

① ほうれん草はたっぷりの湯でゆでて水にとり、4～5cmの長さに切って、水気をよく絞る。
② えびは殻をむいて背わたをとり、斜め半分に切る。にんにくはみじん切りにし、卵は割りほぐしておく。
③ フライパンにオリーブオイルを熱し、にんにくを焦がさないようにさっと炒める。えびを加え、色が変わったら①のほうれん草を加え、塩、こしょうで味をつける。
④ とき卵を一気に入れてかるく混ぜ合わせ、卵が半熟程度で火を止め、余熱で仕上げる。

このめちゃくちゃ料理は、食前、つまり食事の用意ができるまでの間、一杯飲むときのつまみです。10分ほどでできるダイナミックな料理です。スペインのバルではやっている料理です。

　突然お客さまが来て、さらに急ぐ場合は、ほうれん草は生のまま刻んで使います。まずオリーブオイルでほうれん草を炒め、にんにく、えびを加えて卵でとじれば、瞬く間にでき上がります。パンと一緒に出してください。パンの上にのせて食べると最高です。

　ほうれん草は季節によっては野沢菜や小松菜など、お好きなものに替えてください。葉物をゆでるとき、日本人は緑を残すためにさっとしかゆでませんが、この料理では色が変わってもいいので、やわらかくゆでてください。中途半端はよくありません。また、卵は火を通しすぎるとうまみが逃げるので、くれぐれも注意してください。卵がかたくなってはいけないのです。さらに贅沢をすれば、ベーコン、きのこ類（しめじ、しいたけ、まいたけなど）を入れます。

Espinaca 2種

PLÁTANOS RELLENOS
焼きバナナの詰め物

材料（1人分）
バナナ　　1本
ベーコン（薄切り）　　2枚
レタス　　1枚
オリーブオイル、酢　　各適宜

調理時間　　10分

① バナナは皮をむいて、縦半分に切る。間にベーコン1枚をはさみ、元の形にして、もう1枚のベーコンをしっかりと巻きつけ、つまようじで止めておく。
② 天板にバナナをのせ、上からオリーブオイルをかけ、190℃のオーブンできつね色になるまで焼く。
③ 皿にレタスを敷いて熱々のバナナをのせ、オリーブオイルと酢をかける。

メイン料理の後、野菜の代りに食べるものです。この後、ケーキを食べます。レタスに包んで食べてください。バナナにベーコンをまいて焼くなんて日本人には考えられない料理でしょうが、不思議なおいしい味にみんなが驚くこと、請け合います。日本の皆さん、もっと「食物の冒険家」になってください。

　バナナは青いほうがしっかりしていていいのですが、なければどのようなバナナでもかまいません。ベーコンの代りに生ハムで巻けば最高に幸せです。

　子供のころ、バナナは高価でした。1ペセタ銀貨を持ってバナナを買いに行くと、1ダース以上買えました。このころの1ペセタ銀貨は、大変な価値をもっていた時代でしたから、残すともったいないと思って、時間をかけて全部食べました。3本目からは、苦しかったことを覚えています。

POSTRES
デザート

　料理の楽しみの一つに、それを盛る器を考えるということがあります。スペインを代表する、このサルガデロスの陶磁器は200年ほど前、ガリシア地方の小さな工場から始まりました。濃い青と白のコンビネーションは、かのピカソにも影響を与えたそうですから大したものです。

　この皿のデザインは馬（o cabalo）がテーマで、シリーズになっているものです。皿の裏には311/500と書かれていて、限定版といえます。

　Hoy más que ayer pero menos que mañana
「昨日より今日、今日より明日」
　私はこの言葉が大好きです。

　きっと皆さんが作る料理も、長い間かけて自分なりにおいしくなっていくと思います。ガリシアの田舎町から始まったサルガデロスの陶磁器のように。

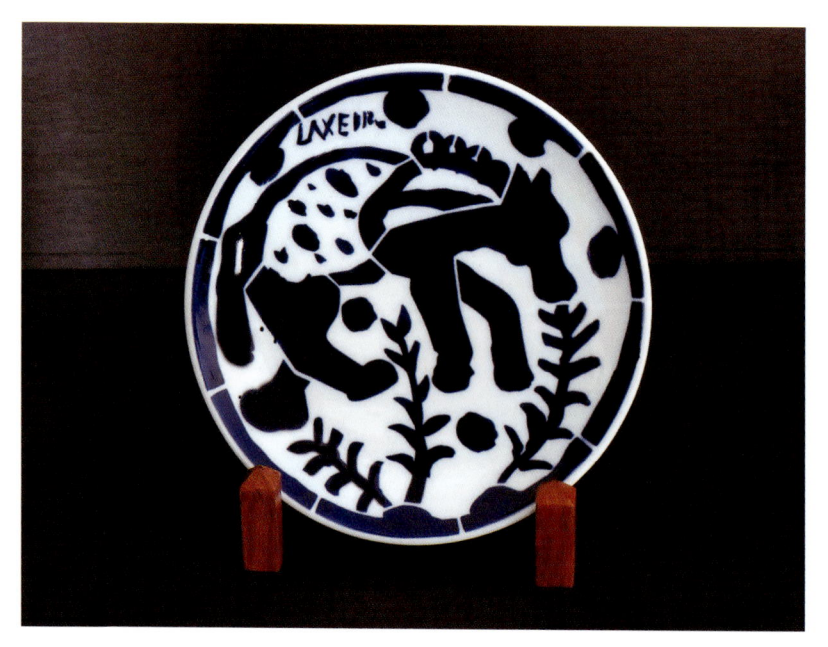

馬をデザインしたサルガデロスの皿

CAFÉ CATÓLICO　カトリックコーヒー

MANZANA ASADA　りんごの丸焼き

CAFÉ CATÓLICO
カトリックコーヒー

材料（4人分）
おいしくいれたコーヒー　　4人分
生クリーム　　½カップ
ウィスキー　　100～150mℓ
砂糖　　適宜

① ボウルに生クリームを入れて、表面に波形がつくくらいまで泡立てる。
② 耐熱ガラスのコップに好みの量のウィスキーと砂糖を入れて、かるく混ぜる。そこに熱いコーヒーを注ぎ入れ、上に①の生クリームを静かにかぶせる。

　これはアイリッシュコーヒーのことですが、私がカトリックコーヒーと名づけました。下のコーヒーの部分が神父の服の黒で、上の生クリームの部分がローマンカラーの白です。これに大切なスピリット（精神＝酒）が入るのです。
　コーヒーのよしあしが味を決めるので、おいしいコーヒーをいれてください。
　音を立てて飲んでかまいません。下からコーヒー、上からクリームを引き上げるように飲むと、上唇にクリームが白いひげのようについて、楽しめます。

MANZANA ASADA
りんごの丸焼き

材料（2人分）
りんご（紅玉など実のかたいもの）　2個
グラニュー糖　適宜
ブランデー（またはウィスキー）　適宜
ミントの葉　適宜

調理時間　30分

① できるだけ小さいりんごを選び、軸のついているほうを包丁でくりぬき、芯を取る。底までくりぬいてはいけない。
② ①の穴に、グラニュー糖を口までいっぱいに入れる。多く入れても焼いている間にカラメル状になるから、心配いらない。次にブランデーをグラニュー糖にしみ込ませるように静かに注ぐ。

③ 200℃のオーブンで20〜30分、様子を見ながら焼く。竹串を刺してみて、りんごに火が通り、焦げ目がつくまでよく焼くこと。皿にのせ、ミントを飾る。

　子供がとても喜ぶデザートです。香りがとてもいい。私は昼食後によく食べますが、この後に飲むコーヒーはとてもおいしい。
　ブランデーあるいはウィスキーは入れなくてもかまいません。子供に任せるのではなく、親の判断で入れるか、入れないかを決めてください。
　りんごのデザートとしてはコンポートもよく食べます。これは、りんごを煮たものですが、とても簡単なので、少し古くなってきたりんごがあれば、作りおきしておくといいでしょう。
　鍋に同量の水とワイン、ローリエ、シナモンスティック、グラニュー糖、皮をむいて八つ切りにしたりんごを入れて煮ます。これが、compota de manzana です。簡単でしょう。

PLATOS ESPECIALES PARA FIESTAS
祝日の特別料理

復活祭 　　BACALAO CON PATATAS Y CEBOLLA　たらの炒め煮

聖母被昇天祭　CARNE AL HORNO　牛肉のホイル焼き

降誕祭　　POLLO RELLENOS　鶏肉の七面鳥風丸焼き

復活祭の日に

BACALAO CON PATATAS Y CEBOLLA
たらの炒め煮

材料（4人分）
たら　400g、じゃがいも　2個、玉ねぎ　中1個
小麦粉、ほうれん草　1把、水煮の大豆　150g
にんにく　1片、オリーブオイル、ローリエ、パプリカ
調理時間　40分

① たらは3〜5cm幅に切り、塩、こしょうをするが、塩味のついたものがあるので、先に味を確かめる。
② 玉ねぎとじゃがいもは1cm程の輪切り。ほうれん草は8cm幅に切る。にんにくは粗いみじん切り。
③ 水カップ1にパプリカ大さじ1を入れ、よく混ぜておく。
④ たらの両面に小麦粉を振る。フライパンにオリーブオイルをカップ½入れて熱し、たらの両面を8分目まで焼いて取り出し、残った油で、玉ねぎを火が通る前まで両面焼き、土鍋に敷く。同様にじゃがいもを炒め、玉ねぎの上に広げる。ほうれん草をざっと炒め、にんにくを加えてさらに炒め、塩、こしょうして、土鍋に入れる。水煮の大豆を広げてのせ、一番上にたらを、皮を下にして見栄え良くのせる。
⑤ 白ワイン、パプリカの水、各カップ1とフライパンに残った油もかける。塩で味を整え、ローリエの葉1枚をのせる。蓋をして火にかけ、沸騰したら中火にして15分ほど煮る。

春を待った後に、復活祭の祝い日です。復活祭の前の週は聖週間といって、キリストの受難を私たちも受けとめます。そのため食事も厳しく制限されました。この週の金曜日には肉を食べない人が多くいます。私が子供の頃は、一年を通して金曜日は肉を食べませんでした。ですから、食べ物を我慢した後のごちそうは格別に嬉しいものでした。祝い日でごちそうを出す時は、必ずたらの料理が入ります。この料理は、たらを焼いた油で野菜を炒めるので、魚の味がしみておいしくなります。

さて、子供にとってもう一つの楽しみは、ROSCONというお菓子でした。リング型と箱型で40cmぐらいの大きなケーキです。中に宝石が隠されていて、見つかった時は嬉しかったよ。

聖母被昇天祭の日に

CARNE AL HORNO
牛肉のホイル焼き

材料（4人分）
牛肉　800g、ベーコン薄切り4〜5枚と塊　100g
じゃがいも　2個、にんじん　1本、ねぎ　1本
にんにく　4片
ソース（白ワイン　100㎖、パセリ　3本、粒黒こしょう
　　ナツメグ、オレガノ、バジル　各大さじ½、塩少々）
調理時間　1時間40分

① じゃがいもは皮をむき、四ツ割り。にんじんは乱切り。パセリは軸を取る。ベーコンの塊は3cm角に切る。ねぎは4cm幅に切る。
② ミキサーにソース材料を入れ、よく混ぜる。
③ 牛肉は1.5cm幅、4〜5cmの深さまで切れ目を入れ、ベーコンの薄切りを挟み、塩を全体に振る。オーブンの鉄板の上にアルミホイルを汁がこぼれ出ないように広げ、ソースの半量を底に敷き、肉を置き、①の野菜とベーコンを周りに並べ、野菜に軽くオリーブオイルを振る。牛肉の上に残りのソースをかける。アルミホイルで全体を包み、220℃のオーブンで1時間焼く。途中でホイルの上部を開け、底のソースを肉にかける。野菜が出来ていれば再び底のソースを肉にかけ、オーブンに入れて、肉にきれいな焦げ目を入れる。
④ ガーリックご飯をわきに添えて盛り付ける。

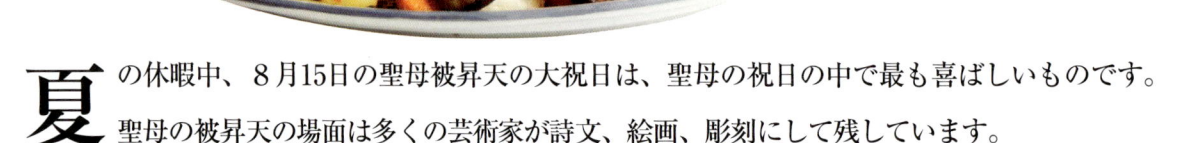

夏の休暇中、8月15日の聖母被昇天の大祝日は、聖母の祝日の中で最も喜ばしいものです。聖母の被昇天の場面は多くの芸術家が詩文、絵画、彫刻にして残しています。

　さて、夏休みに最近では、旅行をする人も多く、家族が共に過ごすことも少なくなりました。妹の娘のベゴーニャは8年前に来日して東北大学で学び、今はNHKのスペイン語講座の講師として働いているので、ガリシアに帰ることも少ないのです。さて、ガーリックご飯に塩味は付けません。オリーブオイルで米を軽く炒め、にんにくのみじん切りを加え、きつね色になるまでさらに炒めます。水を加えて沸騰させ、耐熱容器に移しラップをして電子レンジで20分でできあがりです。

降誕祭の日に

POLLO RELLENOS
鶏肉の七面鳥風丸焼き

材料
鶏　1羽
詰め物（合挽き肉　100ｇ、ベーコン塊　50ｇ、生しいたけ　4枚、オリーブの実　15個、干しぶどう、松の実、卵　2個、パン粉、ラード、白ワイン、りんご　小1個）
赤ピーマン、ブロッコリー　1個、カリフラワー　1個
調理時間　1時間30分

① 鶏1羽は内臓を出し、きれいに洗い、水気を拭いて、塩、黒こしょうする。
② 生しいたけ、ベーコンは1.5cmの角切り、オリーブの実はそのままでも半割りでもよい。りんごはお尻の栓にするので、大きさを合わせて丸く削る。
③ 詰め物をボウルに入れ、塩、こしょうをしてよく混ぜる。鳥のお尻からしっかりと詰め、りんごで栓をする。
④ 鳥の皮にラードを塗ってアルミホイルで包み、200℃のオーブンで40〜50分焼く。アルミホイルの上部を開き、竹串を刺してすっと入れば再びオーブンに入れ、皮に焦げ目がつけばできあがり。
⑤ カリフラワー、ブロッコリーは茹で、赤ピーマンは揚げておき、皿のまわりに盛り付けて飾る。

　ク リスマスは一年で最も長い夜。
　また寒い季節ですから、喜びは大きいのです。この日のために用意するものがいろいろありますが、キリストの生まれた馬小屋の飾りもその一つです。教会はもちろんですが、各家庭、商店のウインドー、銀行などに見ることができます。女性が料理とおしゃべりをしている間、男達はバルで過ごし、子供達は知り合いの家を何軒か回り、トゥロンというお菓子をもらってきます。アーモンド、松の実、くるみ等を砂糖で固めたヌガーのようなもので、かなづちで割って食べます。24日は料理とワインで盛り上がり、夜が更ける頃敬虔な気持ちになって家族そろって教会へ向かいます。

DIGESTIVO
食後酒

　おいしい食事にワイン、デザートでおなかはいっぱいになりました。でも、おしゃべりは続きます。仕上げにはブランデーとなります。ある夜、私はこんな話を聞かせたことがありました。英語はビジネスのための言葉、フランス語は男に話しかけるため、イタリア語は女を口説くため、そしてスペイン語は神様と話す、つまり祈りのためにあるのです。では日本語はといえば、フランシスコ・ザビエルがこのように言っています。「日本語は悪魔に見いだされた言葉」。2年たっても日本語を覚えられなかったザビエルは「ああ、こんなに素晴らしい日本人にキリスト教が広まらないように、悪魔が日本語を見つけたのだ」

　私は来日して60年近くになります。ザビエルより少し多くの日本語を覚えましたが、その分スペイン語を忘れました。この本の中の間違いや思い違いはどうぞ許してください。

　さて、神父になり初めての赴任地が大分県杵築の教会でした。そして50数年が経ち80歳になる今、またこの懐かしい教会に戻りました。がたがたの道もきれいな舗装道路になり、スクーターに乗るのも楽になりました。今は友人にもらったイタリア製のピアッジオという180ccが愛車です。このスクーターで大分の街までしばしば出かけます。東京へ行くときもスクーターで行きたいのですが、大阪まではフェリーにします。もう年ですから……。

　こんなことを言うと皆びっくりしますが、この元気のもとは食べること、食べてもらって喜んでもらえることでしょう。幸いなことに杵築は山と海があって食材が豊富です。これからも料理のメニューは増えそうです。みなさま、どうぞ私の食卓に出かけてください。

幸せは お腹から 始まる
DE LA PANGA SALE LA DENGA
乾杯！　　¡SALUD！

César Fraga

『Pr. Fragaの料理帳』に寄せて

　フラガ神父様の出身地のスペイン北西部のガリシアにはカトリックの三大聖地の一つ、サンティアゴ・デ・コンポステーラがある。街の食堂のガラス窓の中に様々な新鮮な海産物が山と積まれ、旅人の食欲を誘う。自然の恵みのそれらは日本で見られないものもあるし、同じ種類でも我国のものとは大きさや色の異なるものもある。聖ヤコブの象徴の帆立貝（VIEIRA）、これを小さくしたような小さなバカ貝（BERBERECHO）、夏でも食べられる丸い貝殻の牡蠣（OSTRA）、日本のものほど殻に模様の変化が見られないアサリ貝（ALMEJA）、黒光の貝殻はムール貝（MEJILLON）、細長い馬刀貝（NAVAJA）。亀の手（PERCEBE）は日本ではほとんど無視されているが、ここでは何よりも高級な食材として扱われていた。天然物か養殖物かは根もとを見れば判ると神父様は教えてくださった。大きさは異なるが日本では天然物がいくらでもあるのにと思った。初めてこれを注文した時は、他のものに比べて値段の0が一つ多かったので不審に思ったが、波の荒い岩場で水に浸かりながら採る危険な厳しい作業だとのことだった。月桂樹の葉とともに塩茹でされたものが皿に盛られ、これの先の固い所と茎の間を指で引きちぎると、中からやや白いオレンジ色の身がつるりと爪に付いて抜ける。歯応えのある柔らかな身を吸い取るように口に入れるのだ。以来、日本でこれが目に付いたときは買い求めて山の中の《エルミタ》で冷たい地酒の肴にする。

　この本に書かれている料理は、日本人にはやはり珍しい南蛮渡来・エスパンヤ（西班牙）国の味がする。1986年夏、休暇でガリシアに帰国された神父様をニックさんと訪ねた。神父様は妹さんやお姉さん、幼い姪のマリアやその父のカミロ氏に囲まれてのんびりと休暇の毎日を過ごす。コロンブスがアメリカ目指して出港した時、最後に停泊していた海がここだというのでアメリカ海岸と名付けられた美しい湾にそった別荘地の家は芝生の広い庭があり、レモンやオレンジが実っていた。本の中の挿絵に画いたバーベキューの小屋もその庭の設備だ。マリアは庭で愛犬と戯れ、庭師は木々に水をやっている。大人達は神父様に次々と会いに来る旧友との再会を祝して朝から飲み、食べ、語る。さすがのニックさんは飲食の量には目を丸くし、喜びと同時に身の危険を感じたようだ。話が盛り上がると論争をしているような感じだが、思うに人には口が一つなので語る時は飲食はできない。議論に勝つために盛んにおしゃべりをしてお互いに友情をもって食事制限をしていたのかもしれない。私とニックさんは語るための口は休ませて、食べる口と飲む口に仕事をさせていた。神父様は専用の椅子で寛ぎながら妹さんに声をかける、「私にはいつもの特別メニューのあれを出して……」我々は「こんなに御馳走があるのにまだ別メニューを食べるらしい」と驚いて顔を見合わせていると、神父様が嬉しそうに「私はこれが一番美味しい……」と受け取った物はジパング伝来の醤油の煎餅と小鉢に盛られた白米のお粥だった。そして煎餅をパリパリと小さく割って、湯気の出ているお

粥にのせた。

　フラガ神父様の故郷のビゴ市は昔からの大きな港町だ。気候は暖かく同じガリシア州でも北部の港町とは都市の建物の造りがかなり異なる。北の地域の港町では建物の2階から上の壁面は全体が白いレースのようにガラスの窓枠で覆われている。基本的には統一されているが、各々好みの直線と曲線の装飾を加え、美しい独特の景観となっている。ビゴの街の建物は重厚な御影石の外壁に鍛鉄製の手摺を設置したバルコニーが作られていて、2階から上の住人も好きな時に外気に触れられる。建物の1階は花崗岩のアーチで上階を支えると同時に、雨天の時の通行や作業場としても使えるアーケードになっていた。古くからの船着き場に面した古風な建物には、船で使う木製の舵輪や真鍮製のランプ。機械の部品や工具の専門店が並び、ロープ店の窓越しに小さな紐結びの見本が見られた。アーケードの中に椅子とテーブルが配置されたバル（立ち飲みと軽食）があり、フラガ神父様とカミロさんと南さんと私は海を目の前に一杯やることにした。1991年の夏、冷たいカーニャ（生ビール）の後はクンカ（杯）で冷やされたガリシアの白ワイン（リベイロ）、タコ、小海老の鉄板焼き、小バカ貝、ししとう、生牡蠣、等々……。我々はよく飲み、よく食べた。そして2008年9月、帰国の前日、私はその店に出掛けた。場所は間違いなかったが風景は大きく変わり、広い船着き場の岸壁の向こうの海は見ることができなかった。しかし青空はどこまでも青く澄み渡り、吹く風はさわやかだ。パラソルの下のテーブルに一人腰掛け、サン・クロディオ（リベイロ）を一本注文すると、それはまるで腹巻のようにしっかりとマジックテープ付きの保冷材が巻かれて出てきた。冷やされた美酒、時間はある。あとはお好みの酒肴を頼むだけ。つまみものはどれも量は多く、味も言うことなし。皆で飲んだ時と少しも変わっていない。日曜日のせいか車も通らない。店の子供達が新たに舗装された店の前の坂道で友達と楽しげにスケートボードで遊んでいるのを眺めつつ、昔と同じ味を口にする。ガリシアの皆さん御馳走様……。

　2009年6月　　Miguel Arcángel　池田宗弘

キリストの降誕

セサール・フラガ神父（Cesar Fraga）
著者

1929年、スペインのガリシア地方カンガスに生まれる。15歳で修道院に入り、1952年、23歳で来日。東京都調布市のサレジオ神学院で哲学と日本語を学び、1955年神父になる。大分県杵築の教会に初赴任ののち、日本各地の教会や幼稚園で活動。それぞれの土地での思い出はあるが、とりわけ長野県野尻湖での出会いは、本文にあるように感慨深い。

池田　宗弘（いけだ・むねひろ）
版画・挿絵

1939年、東京都江東区亀戸に生まれる。武蔵野美術学校彫刻科卒業。1983年から1年間、文化庁在外芸術家研修員としてスペインでロマネスク美術を研究。第2回東京野外彫刻展大衆賞と区長賞、第20回中原悌二郎賞、第2回木内克大賞野外彫刻展大賞ほか受賞歴多数。著書にサンティアゴ巡礼の絵地図を収めた『巡礼の道絵巻　ロマネスク彫刻紀行』（形文社）ほか。自由美術協会会員。現在、長野県東筑摩郡麻績村に住む。

南　健二（みなみ・けんじ）
写真・料理協力

1944年、大阪市生まれ。毎日新聞写真記者を退職後、1978年黒姫高原に移住。2008年までペンションを経営。その後もライフワークとして黒姫の自然やC・W・ニコルさんの写真を撮っている。2008年に『鹿肉食のすすめ』をニコルさんと出版。現在は、和歌山に在住。

本書は2001年12月に文化出版局より刊行されたものに
書き下ろし原稿を加え、再編集しました。
本文の記述は2010年時点の情報に基づいています。

本書で使用した計量の単位は
小さじは5㎖、大さじは15㎖、1カップは200㎖です。

フラガ神父の料理帳
スペイン家庭の味

2010年3月19日　初版発行
2020年7月1日　初版第3刷発行
著者　セサール・フラガ
発行者　関谷義樹
発行所　ドン・ボスコ社
〒160-0004 東京都新宿区四谷1-9-7
TEL 03-3351-7041　FAX 03-3351-5430
印刷所　大日本印刷株式会社

© TOODLIK 2010
Illustrations © Munehiro Ikeda 2010
Photographs © Kenji Minami 2010
Printed in Japan

ISBN978-4-88626-496-1 C0077
(落丁・乱丁本はお取替えいたします)